ハワイ不動産

別荘から商業物件まで、ハワイ不動産投資大作戦

真田俊彦

郁朋社

まえがき

　前著「資産活用の切り札……」は、読者の方々から、様々なご質問をお寄せいただき、この本の反響の大きさを感じるとともに、本をたずさえて当社を訪れていただいた方々へも感謝の気持ちで一杯です。本の内容を理解されて購入に挑んでの成功談は嬉しいものですが、失敗談もお寄せいただき、もっと詳細な説明が必要であったという反省もありました。

　出版から10年ほど経て、ハワイ不動産市場はバブルとも言うべき高騰時期、そして、その崩壊と未曾有の金融危機を経験し、大きく様変わりしました。東日本大震災後には、日本の購買層への影響を心配しましたが、積極的に海外へ資産を移す人が多くなったように感じています。

　そのような人々への今後の市場動向、購入や売却のタイミングなどについての的確なアドバイス、時代の変化に即したテキストの必要性を痛感し、再びの執筆となりました。

　これを機にハワイ不動産を身近なものと感じていただければと思います。

　初心者の方々にも安心して購入に臨めるよう、わかりやすい表現や記述を心がけました。また、お客様の立場に立つ売買とは何か、また、ご満足いただけるハワイ不動産に出会うための注意点、ハワイ不動産売買の基本と、特に、その後の管理の重要さについて、私の信念に基づくところを力を込めて書いたつもりです。

　海外への資産の分散をお考えの方々や、ハワイ別荘の取得、第二の人生設計のひとつの選択肢として、これらの夢を現実のものとして頂くためにこの本が一助となれば幸いです。

　　　　　　（真田インターナショナルプラスセブン不動産　代表取締役　真田　俊彦）

不動産投資家として（不動産投資家　鳳　珠世）

　前著「資産活用の切り札……」の執筆のきっかけであった、
「売買契約しても一定の条件のもとでは、キャンセル可能。」
「売り手には売り手のエージェント、買い手には買い手のエージェントがいる。」
　ということを伝えたかった。離婚するときに夫も妻も同じ弁護士を雇うことは、絶対にしないだろう。という真田社長の言葉を思い出します。
　その当時は、そんな情報は全く得られませんでしたので、私も知りませんでした。これらを知らなければ、計り知れない不利益があると想像できます。
　この本では、
「管理の大切さ。」
「決めた予算で、可能な物件全てと比較してみる。」
「会社を設立して購入することはない。」
　ということだそうで、本文中で説明してもらいましょう。
　今回の真田社長の著作も学ぶべきことが多く、不動産会社の人はこんなことを考えているといったことや努力していること、本音が多く書かれていると思います。その中で、今回は、不動産会社があまり話さない管理、これこそが日本に居て誰かに物件の世話をたのまなければならない人には、最も必要な情報だと思います。この本はそれらを積極的に書いているように思えますが、決してこの本のためだけではありませんし、会って話をすれば自然に真田社長の口から、軽くでてくる話題ですので、機会があれば、もっと掘り下げて聞いてみると良いと思います。
　もし、どのような管理が素晴らしいのか、そのためには何をすべきか、それらに触れずに、不動産購入、売り物件情報だけに力を入れているサイトや書物があれば、管理は手抜きだと判断できると思います。この大切な管理について、どのように実行するのかを写真つきでインターネット上に多く説明してい

るのは、私が知る限り真田社長の会社のホームページだけでした。

そして、管理の他に、わたしが真田社長に会うたびに、質問することは、「現在と今後のハワイ不動産市場」についてです。経済や世界情勢に敏感で、彼なりの分析で話せるということが、信頼できる原点でもありますが、このような人がなかなかいません。

「不動産協会の発表の中間価格帯では、……。」

というウケウリの内容には、あまりピンときません。中間価格帯とは、平均価格とは違うそうですが、是非、自分の言葉でわかりやすく話すエージェントを見つけてください。

つまり、「広い視野」と「細部にわたる物件管理」のできる不動産エージェントを選ぶというのは不動産投資には欠かせないことで、売買と管理の両方を任せられる人の実力が不動産投資の成功と失敗の分岐点だと思います。

ハワイ不動産投資は、私の生きる糧、そして、人生の安息の地です。ハワイ別荘をご取得、ハワイ不動産投資をなさるのならば、この本で、足がかりをお作りください。今は日本の会社へ手数料を支払って情報を得たりする時代ではありません。自分の手で行うことの意義と満足感を経験していただくためにこの本があります。

2003年刊行の「資産活用の切り札……」では、私の生き方に共感したという読者の方々からの声を真田社長より頂戴し、嬉しく思いました。今回は、私の意見よりも真田社長の話を多く書いたほうが良いというアドバイスを差し上げまして、私の出番はほとんどなくなりましたが、この本が広く皆様の元へ届き、役に立つことを願っています。

（不動産投資家　鳳　珠世）

目次

まえがき ... *1*
不動産投資家として ... *2*

第1章

ハワイ不動産とは ... *12*
- リゾートとしてのハワイ不動産、世界の中のハワイ不動産 ... *12*
- アメリカと世界の中のハワイ不動産 ... *14*
- 似て非なるもの（日本のマンションとハワイのコンドミニアムの比較） ... *16*

ハワイ不動産売買の利点 ... *19*
- 売却時の精神的負担 ... *22*
- ハワイにおけるオーナーチェンジ ... *23*
- ハワイ不動産売買の利点 ... *25*
- 不動産売買の合理的なシステム ... *26*

ハワイ不動産投資環境 ... *29*
- 土地所有権と借地権について ... *29*
- 借地権つき物件購入後の土地所有権の購入 ... *31*
- 借地権つき物件の固定資産税額 ... *32*
- 瑕疵に関する責任の所在 ... *32*
- 瑕疵が原因による保険の保証 ... *32*
- 不動産の権利に関する保険 ... *34*
- 築年数について ... *35*
- 減価償却 ... *36*
- 居住権 ... *36*

購入までの流れ ... *38*
- 物件の購入目的と条件 ... *38*
- ハワイの不動産会社へ確認する項目 ... *39*
- 購入過程 ... *40*
- 日本で営業している不動産会社へたのむ場合 ... *42*

物件見学とＭＬＳリスト ... *44*
- ＭＬＳリストについて ... *44*
- ＭＬＳリストの利用法 ... *44*
- ＭＬＳリストの見方 ... *46*
- 一戸建てＭＬＳリストの検索方法 ... *47*
- コンドミニアムのＭＬＳリストの検索方法 ... *48*
- 物件見学 ... *48*
- オープンハウス ... *50*

ハワイ不動産売買の特徴 ... *53*
- 購入キャンセルの事項 ... *53*
- キャンセルと期限 ... *57*
- 売り手の売却キャンセル ... *58*

物件の詳細調査	58
情報開示	60
権利保険（タイトルインシュアランス）	62
エスクロー	63
エスクロー社の仕事	63

価格と購入費用　65

手付金（デポジット）	65
物件購入にかかる税金、費用	65
物件価格	66
ローンを組む	67

登記と権利　71

権利移転契約書、登記と登記簿謄本	71
登記の名義	72
所有形態についての注意点	72
会社名義についての注意点	73
共同オーナー	74

購入、売却のタイミング、買い替え　77

為替と購入のタイミング	77
為替と売却のタイミング	77
不動産売却	78
不動産会社への仲介手数料	82
売却の税金と費用	82
売り時、買い時	83
1031条項買い替え特例について	84
買い替えと投資	85

過去10年の売買のタイミング　87

不動産市場の波	87
過去10年の動きと売買のタイミング	88

不動産会社と管理　90

物件価値を維持するための管理	90
管理担当者について	91
物件管理担当からふたこと	94
不動産会社と不動産エージェントとは	98
不動産会社と物件管理費	99
さらに具体的な不動産会社の管理方針についての確認事項	99

経験からのアドバイス　104

不動産会社に対する評価	104
不動産エージェントの人柄	106
実際に管理物件を見ることの重要さ	108

第2章

- ハワイ別荘の管理 ... *110*
- 一戸建ての管理 ... *116*
  - 購入した直後に不動産会社が行うべきこと ... *116*
  - 通常の管理で行うこと ... *118*
  - 一戸建てに設備を加える ... *124*
- 一戸建て ... *126*
  - 一戸建ての間取り図 ... *127*
  - 一戸建ての選択 ... *127*
  - 一戸建て選びで迷ったときには ... *128*
  - 一戸建て購入過程 ... *129*
  - 一戸建てのチェックポイント ... *130*
  - 一戸建ての維持費 ... *133*
  - セキュリティーが確保しやすい一戸建て ... *133*
  - スイミングプール ... *134*
  - オーシャンフロントの一戸建て ... *134*
- 一戸建ての地域選択 ... *136*
  - ダイアモンドヘッド地区 ... *136*
  - ブラックポイント地区 ... *137*
  - カハラ地区 ... *137*
  - ワイアラエ地区、ワイアラエイキ地区 ... *138*
  - カイムキ地区、カパフル地区 ... *138*
  - マノア地区 ... *139*
  - カラニアナオレハイウエイ地区 ... *139*
  - アイナハイナ地区 ... *139*
  - ハワイロアリッジ地区 ... *139*
  - ハワイカイ地区 ... *140*
  - カイルア地区、カネオヘ地区 ... *140*
  - 山や丘にある一戸建て地区 ... *141*
- 一戸建て売却 ... *143*
  - 家を売却するときに不動産会社がすること ... *143*
- 土地を購入 ... *149*
  - 土地を購入して一戸建てを建てる ... *149*
  - 母屋とは別に貸家を建てる ... *150*
  - 土壌調査 ... *150*
  - 土地を見ないで購入することは ... *151*
- 土地利用規制（ゾーニング） ... *153*
- 商業・店舗物件 ... *154*
  - 日本のビジネスがハワイを変える ... *154*
  - 店舗・商業物件の取得形態の違い ... *155*
  - 居抜きの売り物件情報 ... *157*
  - 店舗・商業物件のライセンス ... *157*

ハワイでビジネス開業と投資ビザ	*158*
ホテル売買、コンドミニアム建設	**159**
ホテルの購入	*159*
ホテルの売却	*162*
開発業者としてのコンドミニアム建設	*162*
コンドミニアムとは	**165**
ビル管理費に何が含まれるのか	*165*
コンドミニアムの今後の課題	*167*
コンドミニアムの良さと特徴	*168*
コンドミニアムの価値基準	*169*
コンドミニアムの地区の選択	**171**
オアフ島	*171*
ワイキキの不動産とは	*172*
広がっていくカカアコ地区	*172*
地区を選択	*173*
地区それぞれの特徴	*173*
コンドミニアムの広さと間取り眺望	**176**
間取りと部屋の向き	*176*
ハワイの間取りの違い	*176*
ペントハウスとトップフロアー	*177*
ユニット（部屋）タイプ	*177*
物件の広さ	*178*
物件の海との位置関係とその眺望	*179*
ハウスルールと管理組合	**181**
ペットについて	*181*
賃貸に関するルール	*182*
一般的なハウスルール	*182*
管理組合とその活動	*183*
管理組合との付き合い方	*184*
レジデントマネージャー	*185*
積み立て修繕金や大規模修繕	*185*
不動産価値と管理組合の運営	*186*
コンドミニアムの設備	**187**
セキュリティードアとセキュリティーガードマン	*187*
メンテナンスと水漏れ	*188*
駐車場の有無	*188*
洗濯機と乾燥機の有無とコインランドリー	*189*
スポーツ施設	*189*
遊び場	*189*
ベランダ	*190*
キッチンの種類（キッチネット、フルキッチン）	*190*
フルキッチンのディスポーザル	*190*
バスルーム	*191*

家具や大型電気製品　　　　　　　　　　　　　　　　　　　　*191*

コンドミニアムと物件選択　　　　　　　　　　　　　　　　　*193*
　　おすすめのコンドミニアムとは　　　　　　　　　　　　　　*193*
　　おすすめの物件とは　　　　　　　　　　　　　　　　　　　*194*
　　賃貸する物件の選択　　　　　　　　　　　　　　　　　　　*195*
　　雰囲気やコミュニティーを選ぶということ　　　　　　　　　*195*

新築や建設予定コンドミニアムの購入　　　　　　　　　　　　*196*
　　新築や築浅のコンドミニアム　　　　　　　　　　　　　　　*196*
　　新ビル建設計画　　　　　　　　　　　　　　　　　　　　　*196*
　　新ビル建設の物件購入　　　　　　　　　　　　　　　　　　*197*

格安物件を購入するには　　　　　　　　　　　　　　　　　　*200*
　　コンドミニアム格安物件の購入前に準備しておくこと　　　　*201*
　　格安物件が出てきたら　　　　　　　　　　　　　　　　　　*202*
　　賃貸に出すコンドミニアムの格安物件　　　　　　　　　　　*202*
　　抵当流れとショートセールの売り物件　　　　　　　　　　　*203*
　　一戸建ての格安物件　　　　　　　　　　　　　　　　　　　*204*

ホテルコンドミニアム　　　　　　　　　　　　　　　　　　　*205*
　　ホテルコンドミニアムとは　　　　　　　　　　　　　　　　*205*
　　ホテルプログラム　　　　　　　　　　　　　　　　　　　　*206*
　　ホテルプログラムの物件の固定資産税　　　　　　　　　　　*206*

タウンハウスや新興住宅地　　　　　　　　　　　　　　　　　*208*

賃貸と入居者　　　　　　　　　　　　　　　　　　　　　　　*209*
　　賃貸物件における入居者の選定　　　　　　　　　　　　　　*209*
　　短期賃貸と長期賃貸の契約と賃料　　　　　　　　　　　　　*210*
　　賃貸形式による物件の固定資産税額　　　　　　　　　　　　*211*
　　物件価値を維持するには、どちらの賃貸がいいのか　　　　　*212*
　　ハワイ別荘と賃料収入を得る投資物件　　　　　　　　　　　*212*
　　不動産会社の管理対象物件と物件管理費　　　　　　　　　　*213*
　　利回りと賃料　　　　　　　　　　　　　　　　　　　　　　*213*

賃貸や住居環境　　　　　　　　　　　　　　　　　　　　　　*217*
　　ロングステイ、バケーションレンタルの予約方法　　　　　　*217*
　　長期賃貸手順　　　　　　　　　　　　　　　　　　　　　　*217*
　　電話代、国際電話　　　　　　　　　　　　　　　　　　　　*217*
　　インターネットやWi-Fi環境　　　　　　　　　　　　　　　 *218*
　　光熱費　　　　　　　　　　　　　　　　　　　　　　　　　*218*
　　テレビのケーブル代　　　　　　　　　　　　　　　　　　　*219*
　　薄型テレビについて　　　　　　　　　　　　　　　　　　　*219*
　　賃貸物件の電気製品　　　　　　　　　　　　　　　　　　　*220*

ロングステイや語学留学　　　　　　　　　　　　　　　　　　*222*
　　ハワイ生活のなかでの合理的なシステム　　　　　　　　　　*223*

第3章

- 税金の支払いや確定申告について　　225
  - 固定資産税　　225
  - 固定資産税の納税方法　　226
  - 賃料に発生する税金とその収め方　　227
  - アメリカでの確定申告　　227
  - 不動産を売却した場合の確定申告　　228
  - 経費として落とせる費用　　228
  - 日本での確定申告　　229
- 相続、生前贈与　　230
- タイムシェア　　232
  - 費用について　　233
- 銀行口座　　235
  - ハワイの銀行に口座を開く　　235
  - 小切手口座とキャッシャーズチェック　　237
- 査証や抽選永住権　　238
- リフォーム　　240
  - キッチン　　240
  - カーペット　　240
  - タイル　　241
  - フローリング　　242
  - 壁のリフォーム　　242
  - 一戸建てを豪華にする改築　　243
  - コンドミニアムのリフォーム　　244
  - 業者の仲介の仲介　　245
- 家具の選定　　250
  - アメリカのベッドや寝具について　　251
- マーケット情報抜粋　　253

あとがき　　265
日本の不動産市場の好転を望む　　267

装　丁 —— 根本　比奈子

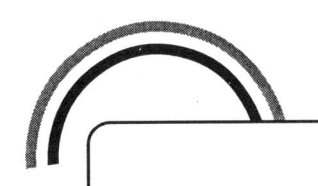

ハワイ不動産
別荘から商業物件まで、ハワイ不動産投資大作戦

第1章 ハワイ不動産とは

リゾートとしてのハワイ不動産、世界の中のハワイ不動産

　全米の不動産市場は短期的に不況や価格の低迷を経験していますが、この数十年を振り返りますと、ハワイ不動産は順調に価格上昇しています。2005年のバブル崩壊以後、全米の不動産は底なしのように下落しました。アメリカ本土では、数百ドルで買える不動産があり、一戸建てを買えばもう一軒ついてくると揶揄された時期でさえ、ワイキキとその周辺の物件は、バブル期の高値から数割しか下落せずに価格を持ちこたえていましたので、底堅い不動産と言えるでしょう。

　2010年から2013年現在にかけては、新築コンドミニアムの建設計画が目白押しに発表され、ハワイ不動産の需要の高さを裏づけています。

　また、ワイキキやアラモアナ周辺の再開発も発表されていますので、洗練されたリゾートの誕生やコンドミニアムの出現が期待できるでしょう。

　ハワイは、アジアからだけでなく、古くはポルトガルなど、世界各地から移民を受け入れて、ポリネシア文化にいろいろな文化が混合した土地です。ハワイを探求していくと奥深いと感じるのは、そのせいでしょう。日本からは毎日数千人が訪れる庶民的な観光地になっても「ハワイ」という言葉の響きに、魅力的で憧れのような気持ちを抱かせるのは、パラダイスを想像させるからかもしれません。ハワイと、他のリゾートとどんなところが異なるのか比べてみましょう。

　ハワイは、これまでに大きな災害に見舞われることはほとんどありませんでした。最近では、

「ハワイには津波は来ないのか。」

　というご質問を多く頂戴しますが、東日本震災の際のハワイの津波被害は、

ハワイ島のみで、ワイキキのあるオアフ島には、いつもの潮の満ち干程度の変化があっただけでした。1960年のチリの大地震のときにもオアフ島には津波被害はありませんでした。ただ、ビーチでは、
「潮が引いてさんご礁がむきだしになった。」
「魚が飛び跳ねた。」
と、多くの人が証言していますので、津波の前兆である潮が引くという現象が起き、津波は沖で形成されたのだと思いますが、津波は岸まで到達しなかったのです。それは、たまたま津波が来なかったのではなく、オアフ島を取り囲んださんご礁が津波を寄せ付けない地形だからだと思います。

では、台風はどうでしょうか。私は、ハワイに移住して30年ほどになりますが、まだ、オアフ島の台風を経験したことはありませんのでハワイは自然災害が少ないと言えるでしょう。ハワイと同様に温暖で、ビーチがあるフロリダもアメリカでは人気がありますが、治安とハリケーンの頻度を考慮しますと、ハワイに軍配が上がります。

温暖で美しいビーチや緑の深い山々、虹のある空など、南国のリゾートが自然に恵まれているのは当然ですが、ハワイが他のリゾートをぐっとリードしているのは、適度な湿度です。カラッとしていますが乾燥してはおらず、しのぎやすい気候です。そして、貿易風が澄んだ空気と涼しさを運んできており、真夏でも木陰はそよ風が涼しく、日没後もひんやりとして、寝苦しい夜などはなく、通年、快適な気候ですので、避寒だけでなく避暑地としても有名です。

さて、ホノルル市は決して物価は安くありません。しかし、不動産投資の観点から考えますとそれは利点となります。たとえば、日本に比べて物価が10分の1の観光地に不動産を購入しますと、その不動産も10分の1ですので、購入しやすい価格です。しかし、その反面、キャピタルゲイン（値上がり利益）は、10分の1で、賃貸収入も10分の1です。手間をかけて維持するのですから、利益が大きく価値の高いものに投資するほうが、投資のしがいがあると思います。また、日本と同様の物価水準、不動産価格水準であることが、その価値を理解しやすく、投資しやすいと思います。

そして、売却のしやすさを考慮しますと、世界中の目が注がれるハワイ不動産は最も優れていると思います。日本から適当な距離にある理想的なリゾー

ト、不動産投資を行う価値のある場所はほぼハワイに限定されると思います。

アメリカと世界の中のハワイ不動産

　アメリカの中のハワイとは、どのような土地なのでしょう。アメリカには、運と努力次第によっては誰でも大きな夢を掴むチャンスがあり、大きな成功を収めた人を素直に賞賛して、自分も追随するのだという願望を多くの人が抱いています。皆さんもご存知のアメリカンドリームです。

　株やファンドへの投資で大きく儲けることは、ビジネスマンにとっては、身近な話で、ニューヨークに住むビジネスマンが、ロサンジェルスやラスベガスにコンドミニアムを購入したなどの投資話は珍しくありません。全米の各地にスイミングプールつきの一戸建てを何軒も所有しているという話を聞くこともあります。特にリーマンショック以降は、ハワイなどの底堅い不動産への投資が考えられていると思います。

　資金を貯めたら最終的には不動産へという構図は、日本でも同様ですが、アメリカでは、不動産王と呼ばれる人たちの存在は知れ渡っており、誰がどのようにして不動産投資で儲けた、どの土地が適しているかという知識は不動産投資には欠かせないものとなっています。

　一般的には、住まいは人生設計の一部に該当し、たとえば、夫婦共働きの時代では１ＬＤＫに住んで資金を貯め、子供が学校へ上がったら３ＬＤＫに住み替え、子供が巣立ったあとは２ＬＤＫに移り住むという具合です。大雑把に言いますと、これを日本では賃貸で容易に行い、アメリカでは不動産売買で容易に行えると考えればいいでしょう。住宅の買い替えの過程で、自宅が高値になれば資産が大きくなり、買い替えの成功や不動産投資拡大につながりますので、自宅と投資の両立する不動産購入を目指したり、購入や売却時期を見極めようとする不動産投資家が多いのもアメリカです。

　特にハワイでは中古物件の不動産売買や買い替えがさかんに行われており、不動産購入を一世一代の清水の舞台から飛び降りるという覚悟は不要ですし、将来の売却を心配する人はほとんどいません。

世界経済へ大きな打撃を与えたご存知のサブプライムローン問題では、気軽に不動産を購入して、ローンを支払えない状況になったので手放しましょうという人たちがアメリカには大勢いたということです。余談ですが、金融機関へのローンの返済が不能になっても、誰かが取り立てに来たり、精神的な脅かしを受けるということはありません。返済をしていただけるようにというアドバイスなどを目的とした電話がかかってくる程度です。昨今では、抵当流れにしないために金融機関と物件所有者が話し合いを持って、返済を続けられるように、アドバイスや交渉ができるようになっています。資金の回収が難しくなれば、銀行にも損害がでますが、幸いなことに、ハワイの銀行は、サブプライムローンの悪影響をほとんど受けていません。また、ワイキキとその周辺には、リーマンショック直後、そして、2013年現在も、抵当流れの物件はごく僅かです。それは、抵当流れになる前に、ショートセールと言って、低めの価格で早期に売り抜けるということができるからです。価値ある不動産だからこそショートセールというシステムで売却できるのです。
　さて、ここ数年では、あるイギリスの雑誌が発表する「世界のベスト都市」では、ハワイは毎年10位前後です。全米ではただ1都市、ホノルルだけがランクインしており、アメリカで最も住みやすい都市にもなっています。もうひとつ、ハワイが全米1位であるのは、ミリオネアーの割合が多い州であるということです。この数年は1位と5位の間を行ったり来たりしています。アメリカのミリオネアーの100人に7人ほどがハワイに住んでいるという数字です。
　また、アメリカの雑誌で、子育てに適した都市ということでホノルル市が全米1位になったことがあります。空気がきれいな都市ということでは、全米3位となっています。
　このようなハワイの地にリタイヤして住みたいというのは自然なことです。
　特に厳しい気候の土地で人生を費やしてきた人が、アメリカには多くいますので、そのような人たちが、リタイア後の目標を少しでも早く実現するためにハワイに不動産投資をしようと考えてもおかしくありませんし、投資している間も避暑、避寒のために利用できますので、さらに利用価値が高いと言えます。
　なお、「リタイア」という言葉は日本のようにさびしい響きはありません。

仕事や名誉、金銭的な成功だけがアメリカンドリームではなく、早くにリタイアし、好きなことを思う存分できるという意味合いもあります。好きな土地に住んで、好きな事を好きなだけするとは、考えただけでもわくわくします。
　潤沢な資金と不動産投資によってハワイで豊かに暮らす。これも、紛れもなくアメリカンドリームのひとつです。よって、ひとことで表現しますと、アメリカンドリームのひとつにハワイ不動産があるというところでしょうか。

似て非なるもの
（日本のマンションとハワイのコンドミニアムの比較）

　東京都庁のビルの１階から最上階までたった数ミリの誤差しかないという日本の建築技術水準は世界最高峰であるにもかかわらず、なぜ、日本のマンションは立替えが必要なのか、そして、日本のマンションと比較して、ハワイのコンドミニアムの優位性を主張できる根拠があるのか、という疑問は当然のことと思います。ハワイの売買システムや投資環境がよくてもハードの物件に正しい価値がなければ、不動産投資は絵に描いた餅となってしまうからです。日本のマンションとハワイのコンドミニアムを同じ高層の集合住宅ということで比べてみましょう。
　端的に言いますと、両者は、たったひとつの要因である配管の位置によって耐久性に大差が生まれています。日本のマンションでは、水道料金を徴収されますので、メーターがあり、水道管はメーターにまとめられなくてはなりません。そして、その一箇所から、キッチン、バスルーム、洗濯機、他の水周りに張り巡らされていきます。いわゆる横引き配管と呼ばれるもので、（図１）これらは、構造のコンクリートや床、天井、梁(はり)の中に埋め込まれています。
　ハワイのコンドミニアムは、水道料金はビル管理費に含まれますので、メーターは存在せず、横引き配管を一点に集中させる必要はありません。（図２）にあるように、縦方向の垂直配管は独立して、または、一部と共用の配管が、最上階から降りてきています。たとえば、キッチンはキッチンの配管が最上階から階下まで延び、バスルームは洗濯機と一緒になった配管が最上階から一階ま

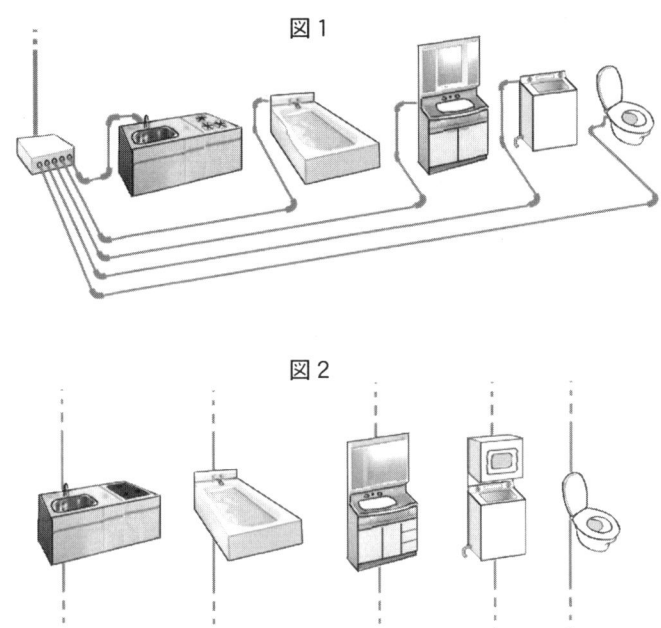

図1

図2

で延びているという具合です。

　ビルの設計の段階で、バスルームや水周りを自由に配置できる間取りが可能です。ながめがいい窓側にジェットバスを設置したり、2つのベッドルームのそれぞれにバスルームを設置したりできるのです。

　また、垂直配管は建物の構造層（コンクリートの中）には、埋め込まれていません。コンクリートの壁に隣接して配管が通る空間を設けていますので、水漏れが発見されれば、その空間の壁をはずしたり、穴を開けて配管を取り替えるという作業を行います。また、横引き配管は短く露出していますので、水漏れや劣化が発見しやすく、配管の管理を容易に行えます。また、構造層に埋め込まれていないので、配管の振動が、建物の強度を弱めることはありません。

　日本のマンションでは、配管の水漏れがあちこちに見受けられるようになると、建物全体を取り壊して建て直すのが手っ取り早い、または、建て直し以外に改善の余地が無いという状態になってしまいます。日本の人々がハワイのコンドミニアムで「水漏れ」と聞きますと、大きな事件が起こったかのように考

えがちで、過去の水漏れの経緯にことのほか神経質になることがありますが、その理由が理解できます。日本のマンションで起こる水漏れは、建て替えの時期の前触れであるからです。

　一方、ハワイで起こる水漏れは、単にその配管を交換する時期が来たという知らせに過ぎません。修理するには、各部屋にあるバルブを締めて行われる場合と、ビル全体の断水が必要になる場合があります。その断水の知らせは、各部屋に配布されたり、エレベーター内に張り出されたりします。

　総じて、外観は同じでも、たったひとつの配管をめぐる構造の違いが、日本のマンションと、ハワイのコンドミニアムを似て非なるものにしていると断言できます。

第1章 ハワイ不動産売買の利点

　日本人は、計算や計画が緻密で勤勉ですが、単一民族ゆえに他人も同じ様に考えていると思いがちで、初対面でも相手を信頼してしまう傾向にあるかもしれません。それは日本人のいいところですが、他者との公的な関わりにおいては、ときとして災いすることがあります。自分を守る手段として、ひとつひとつを確認しながら足元を固めていく必要があると思います。これを普通のこととして実行していける人がアメリカでの社会生活を楽に、そして円滑にしていくことができます。

　アメリカは、多民族国家ですから、何を考えているのか理解できない人々を相手にすることがありますので、それぞれの考え方を尊重しながらコンセンサスをとって契約をすすめ、自分の主張は明文化して取り決めていきます。ハワイの不動産売買手続きでの書類のやりとりは、そのひとつです。

　── 過去に起きた事例 ──
　2階から海が見える一戸建てを購入した買い手は、その景色を象徴したような大きな海の絵をとても気に入り、海が見えない一階のダイニングルームに飾りたいと思ってました。そして、受け渡し家具のリストの中に絵の枚数表示があったので、自分たちがその絵を手に入れたと思っていましたが、購入後にその絵がはいっていないことに気づき、がっかりしてしまいました。
　もし、不動産エージェントに絵のことを伝えていたら、その絵を特定して、売買契約書に記載し、買い手にその絵が渡るようにできたかもしれません。
　特別に手に入れたい備品や家具があるなら、担当の不動産エージェントに伝えて対応してもらいましょう。売り手が了承すれば条件として売買契約に加えることができるのです。
　売買手順の買い注文や売買契約には、買い手の必要な購入条件を書けますの

で、こうなれば確かに購入に動けるという条件を記載してください。当社で最も一般的に書く条件は、
「物件を見てから購入手続きを続けるか否かを決める。」
　というものです。インターネットで気に入った物件を見つけたが、ハワイへ渡航する前に売れてしまっては困るということで、先に買い注文を入れて売買契約を結んでおくのです。その後、ハワイに赴いて物件を見学し、買い手続きをすすめるかどうかを決定します。
　売り手も売却条件をつけられます。
「売り急いでいるので　ローンを組まない買い手を求む。」
「値引きはせず、売り出し価格が売買契約価格である。」
　などです。
　また、不動産登記の予定期日も売買条件のひとつにすることができ、買い手からの購入条件になる場合も、売り手からの売却条件になる場合もあります。通常は、売買契約されてから登記までは、1ヶ月半ほどで、売買契約書に記載されて契約されますが、
「1ヶ月以内に登記が完了すること。」
　や、物件所有者が、夏の終了まで物件に滞在したいので、
「不動産登記は8月末日以降である。」
　などの売買条件が提示されたりします。この登記予定期日の変更を売買途中に交渉することができます。買い手のローンの手続きに時間がかかり、延長したい場合は、売り手の同意を得て延長可能です。もし、売り手から了解を得られなければ、売買契約は、途中でキャンセルされます。
　買い手はいろいろな購入条件をつけられますが、相手が納得するかどうかは別です。購入条件が合わない場合は交渉することができ、口頭で合意しても双方が納得して署名して、はじめて、その条件は生きてきます。ですが、ひとつの売り物件にほぼ同額の複数の買い注文があれば、売買手続きのやりとりがスムーズにいくと思われる買い注文が好まれますので、購入条件が少ないほど有利です。
　ここで、理解しておかなくてはならないことがあります。購入条件がひとつだけであっても良識を疑われる内容を書けば売り手から敬遠されるでしょ

う。

　売り手から断られたあとに購入条件を削除して再び試みても徒労に終わる可能性が高いと思います。売り手の先入観を取り除くことができずに別の買い手を選択されれば、あとの祭りです。たとえば、
「配偶者が賛成すれば購入する。」
　などは、購入以前に解決しておくべきものですので、売り手が敬遠したくなります。また、会社名義で不動産を購入する場合も重役全員のハワイ不動産購入の合意を事前にとりつけておくべきであり、
「重役の物件への承認のみ。」
　などが望ましいでしょう。従って、常識的ではない購入条件を書き連ねたりすべきではありません。

　ハワイの不動産売買のシステムでは、自分の意志を契約に盛り込む、ひとつひとつのステップを売り手と買い手の両者が知って確認し、納得して署名し、契約を確かなものとしています。売買条件がひとつでも合意されなければ、契約が成立しなかったり、売買がキャンセルされます。

　信用とは、確認を積み重ねた上でなされるべきことで、これなくしては、無条件で誰かを頼って人任せにしていると理解すべきでしょう。なお、署名をして確約をする公的手段としては、ノータリー（公証すること）があります。ハワイ不動産売買の一連の作業にもこのノータリーで公証するという作業が含まれています。

　余談ですが、これらのシステムは、失敗や不都合の中から模索され、修正されて出来上がりました。たとえば、予期せぬ事故が起き、子供の被害を経験した両親が、寄付を募って、同様の事件の回避手段を講じるという話をよく耳にします。何かを是正するために、行動することで、システムも確立されていくのです。アメリカ人が社会に対して行動を起こす精神を代表して広く指示されている、皆さんもご存知の演説、ジョンＦケネディの、
「国があなたに何をしてくれるかを尋ねてはなりません、あなたが国のために何をできるか考えて欲しい。」
　は、その魂を理解できます。

　ですが、完璧と思われるシステムも、不測の事態が全く無いとも言えませ

ん。

　よって、これを避けるためにハワイの不動産売買では、エスクローを雇い、契約が遵守されるかどうかを監視させますし、売買途上で二重の譲渡の有無などを調査します。しかし、それでも安全には安全を期して、購入価格までを保証する権利保険（タイトルインシュアランス）〈参照「権利保険（タイトルインシュアランス）」P.62〉をかけます。二重三重の安全策が、とられています。

売却時の精神的負担（鳳）

　日本で不動産を所有していたことがありますので、その売買の経験と照らし合わせてお話します。
　入居者が賃貸したままで購入するのを「オーナーチェンジ」と言いますが、日本でのオーナーチェンジの売買は、非常に不利だと思いました。
　購入のときに都内の沿線の物件を見に行ったのですが、入居者がいるので、部屋の中を見ることはできず、ビルの外観のみを見学しました。
「外観のタイル張りが価値がある。」
　と、不動産エージェントに説明されましたが、自分の想像の域を超えた不良物件であることが心配だったので、見ないで購入に踏み切ることはできませんでした。
　売却も不利で辛酸をなめました。オーナーチェンジはローン支払いを家賃でまかなうことができますが、売り値を相場よりもかなり低くするというのが、普通でしたので、空き部屋で売却することを選択しました。
　私の場合は、立ち退き料を支払って入居者に出ていってもらい、リフォームしましたが、家賃収入が無いので、リフォーム費用や毎月の維持費を重く感じました。そして、なかなか売却できずに、ローン返済が予定したキャピタルゲイン（売却益）を小さくしていき、いつしかマイナスとなりました。日ごとにマイナスの数字が大きくなって精神的な苦痛が増し、ローン返済の負担から逃れるために投売りにでようかと思ったり、随分弱気にさせられました。不動産は売却したいときに売却できなければ、単なる足かせです。底なし沼のように

感じたときには、

「中古物件でも売りやすい環境であったらなあ。」

「私の売り物件を買いそうな全ての人に情報が届けば、どんなに早く売却できるだろうか。」

と何度も思いました。この夢のような考えはハワイでは、ごく当たり前のことでした。

ワイキキの中古物件を売りやすいのは、築年数が最優先ではないことと、多くの買い手に物件情報が届くコンピューターの検索システムがあるからです。

ある人が、ハワイの不動産を購入すると決めて、ある不動産会社へ行って、買いたい条件を言えば、それに該当する全ての売り物件情報を得られます。そのときに自分が売りに出した物件の情報も入っているかもしれません。売却をたのんだ不動産会社の人が宣伝しなくても、どこかの不動産会社で、必要な誰かが、自分の売り物件の情報を見てくれるのです。

そして、ハワイ不動産の売却は、賃貸の途中でも、賃貸が終わったあとでも、特にタイミングに制約されずに売却することができました。賃料収入がコンスタントにあれば、ローン返済やビル管理費が負担になることはありませんし、オーナーチェンジでも安くたたかれることはありません。希望価格で売却して、計算どおりのキャピタルゲインを誰もが期待しますが、日本の不動産投資環境で、これが実現できますか？

実利においても、精神的な負担においても。日本とハワイは何と大きく違ったことか！　私の投資の目が日本に向くことは二度とないでしょう。（鳳）

ハワイにおけるオーナーチェンジ

ハワイのオーナーチェンジは、売り手にも買い手にも不利益にならないように自然な形で実施されています。システムと言えるほど特別な配慮と考えたことはありませんが、日本の投資家の方々は、売却においての有利さを実感されています。個人の経済状況が急変するということは、誰にでも起こりえますので、いつでも容易に売却を選択できる環境になっています。

賃貸に出しながら売りに出すオーナーチェンジは普通に行われており、売却価格は、通常の市場価格設定です。売却後の賃料は、次の物件所有者に支払われ、賃貸契約も次の物件所有者が引き継ぎます。賃貸されている物件の購入は、新たな入居者募集が不要ですので、多くの投資家は歓迎します。

　売買途上で行われる物件の詳細検査やシロアリ検査は、部屋に立ち入る旨を入居者へ48時間前までに知らせて通常どおり行われます。内装に傷みや不具合があれば、入居者の許可を得て、手直しをすることができます。

　売り物件になったことを不服として、入居者が賃貸契約を解除して退室することは基本的にはできません。通常の賃貸契約書には売り物件になった場合や、部屋への立ち入りについての条件事項が盛り込まれているからです。当社では長期賃貸だけでなく、ロングステイやバケーションレンタルの短期賃貸者も賃貸契約書に署名していただきます。そして、売り物件に予約したお客様やこれから予約を入れるお客様にも売り物件であることの説明をします。また、賃料に関しては、売り物件ということで多少値引きをする場合があります。

　投資家には歓迎される売り物件の賃貸ですが、自宅を買う人には不都合な場合がほとんどです。言うまでも無く、不動産取得後は買い手本人が住むからです。では、自宅を購入する買い手にも賃貸物件を購入対象としてもらうには、どのようにしたらいいでしょうか。

　もし、賃貸契約で２年の契約をしますと、買い手が住めるのは、賃貸契約終了後ですので、相当先まで待たなくてはなりません。では、６ヶ月でしたら、どうでしょうか。売買手続き期間は１ヶ月から１ヶ月半、そして、登記から数ヶ月経てば、６ヶ月の賃貸契約が切れて空き部屋になります。半年や１年は待てないが、これなら待てるという買い手は多いと思います。ロングステイでの予約をとっているのであれば、３ヶ月先までの予約で止めておき、半年や１年先の予約を取らないということになります。

　売却の可能性のない賃貸物件は最長でも１年、他の物件は、売却の可能性に備えて賃貸期間を適切に設定し、多く買い手の購入対象となる物件にすることが有利だと思います。

　当社では、長期賃貸契約の多くは６ヶ月間とし、さらに６ヶ月の契約延長で１年滞在できます。また、契約延長は一律６ヶ月ではなく、数ヶ月でも数週間

でも、そして日割り賃料の数日間でもいいとしています。これは賃貸契約終了後に日本へ帰国の入居者が多く、入居者は帰国の日まで自分の部屋で過ごして、退室の鍵の受け渡しも、彼らの帰国便に合わせて早朝でも深夜でも対応しています。これによりホテル滞在などは不要になっています。ですが、これらの業務と対応は、不動産会社によって様々ですので確認が必要です。

ハワイ不動産売買の利点

　日本の不動産売買には存在しない、ハワイ不動産売買システムの利点を知って不安材料を取り除いてください。特に保護や優遇策などの要素が、ハードルを低くして、誰にでも安心して売買できるシステムを確立しています。

1、エスクローという政府公認の監視機関が、買い手の資金を預かり、登記まで確実に行う。
2、購入にかかる費用は、エスクロー費と諸手続きの実費だけで、不動産会社への手数料は不要である。
3、固定資産税を半年分前払いするだけで、購入時にかかる税金はない。
4、買い手保護のために、売買契約後でも数段階にわたるキャンセル時期の規定がある。
5、購入時の手付金は、コンドミニアムの場合は、慣習的に1000ドルから数千ドルの低額（一戸建ての場合は物件価格による）で、また、期限内の購入キャンセルでは、手付金が全額返却される。
6、減価償却は新築の時点からの耐用年数ではなく、購入した時点から適用されるという、中古物件への税制優遇策がある。
7、買い手側が専門の調査員を雇って、物件の欠陥、不具合の有無を調査するシステムが売買途上に存在する。
8、売り手側には、質疑応答形式の書類で物件の詳細にわたる情報開示の義務があり、見ただけでは発見できないその不具合や欠陥の情報を得ることができる。

9、購入対象コンドミニアムや地域の一戸建てなど、現在の売り物件の全ての情報を一社の不動産会社より受け取れる。インターネットで自分で探すこともできる。
10、不動産会社一社に売却を依頼すれば、全ての不動産エージェントが検索するインターネットの物件情報ＭＬＳに載せられ、あなたの売り物件を買いそうな全ての人々に情報が届く。
11、買い替えをスムーズに実行できるような売買のシステムが存在する。
12、売り物件でも賃貸に出せる。入居者の許可を得て、購入検討者へ部屋を見せることができる。
13、賃貸物件でも（オーナーチェンジ）でも市場価格で売りに出せる。
14、居住権が強くないので、物件所有者側が入居者の賃貸契約延長の可否を決定できる。
15、コンドミニアムには、不動産価値を下げないようにするためのビル管理、規則が徹底している。
16、中古物件でも、売買が活発である。

　ＦＡＸやメールの添付書類のやりとりで、書類のやりとりを行い、ハワイへ行かなくてもハワイ不動産を購入できます。日本からもインターネットで、売り物件情報を調べたり、写真を確認して物件を探せます。
　確定申告も諸費用の支払いも、日本のご自宅で済ませることができます。それらは決して特別な方法ではなく、アメリカ人もしているごく一般的な方法です。英語ができなくても、ハワイには日本人経営の不動産会社や不動産エージェント、日本人の会計士もたくさんいます。

不動産売買の合理的なシステム

　合理的とは、手続きを省いて簡単にするという意味ではなく、将来起こりえるだろうトラブルを防ぎ、契約を確かなものにする為の工夫、無駄なエネルギーを遣わないですむシステムの確立を意味します。

〈物件の詳細検査システム〉
　ハワイでは、安価な費用で、物件に欠陥や不具合があるかどうかを調査するシステムがあります。はじめから不動産を見る目が確かな人は存在しないのですから、専門家が調査することは必要です。リーズナブルな料金と売買システムに組み込んであるのが、合理的なところです。

〈売り物件の検索システムＭＬＳ〉
　全ての不動産会社や不動産エージェントが、市場にでている全ての売り物件をインターネットの検索システムのＭＬＳを利用して調べることができます。
　また、この検索システムによって、売却の際にも貴方の売り物件の情報が広く行き渡ります。
　このＭＬＳの売り物件情報を得られる限り、多くの不動産会社を訪ね歩いたり、希望条件にそぐわない物件をすすめられたりすることはありません。該当する売り物件に満足しないときには、条件を変更して何度も検索すればいいのです。時間も体力も節約でき、早期に、そして、満足度の高い物件に出会う確率を高くしている合理的なシステムです。

〈売り手と買い手それぞれのエージェントの存在〉
　不動産の売却をたのまれた不動産会社は、売り物件を早く売りたいと考えているので、売り手に近い存在です。その不動産会社からその売り物件をすすめられた場合は、売り手の立場ですすめていると理解してもいいかもしれません。その売り物件の相対的な良し悪しよりも、買い手の条件に当てはまる売り物件を紹介し、買い手のために最も低い価格で購入できるように売り手と交渉するのが買い手の不動産会社の役割のひとつです。
　ハワイでは、買い手の不動産会社は買い手の代弁者で、売り手の不動産会社は売り手の代弁者であるというのが、それぞれの利益が守られる合理的なシステムです。

〈監視機関のエスクローが中立〉

　資金を預かるエスクローという売買の監視機関があるということと、その立場が中立だということが、資金のトラブルを防ぐ合理的なシステムです。

　不動産会社は顧客の代弁者であっても中立の立場ではありません。中立ではない第三者に購入資金をゆだねることは、リスクがあります。銀行がこの機関になりえるかと考えますと、中立にはなれますが、一定の金額までしか保証しないペイオフ制度のもとでは、一時期でも多額の現金を置くことができません。資金は100パーセント安全でなければ、さらにリスクが高くなります。

　ハワイでは、中立のエスクローの存在があり、資金を保証して預かるだけではなく、売買の監視と登記までを実行するというのが、さらに理にかなった、合理的なシステムを作り上げています。

第1章 ハワイ不動産投資環境

土地所有権と借地権について

　ハワイは王政であったため、土地の多くを王家が所有していました。また、さとうきび栽培で入植した人々が広大な土地を買い占めたために、今でもいくつかの財団や個人が、多くの土地を所有しています。アメリカ大使館のサイトを確認しますと、
「ハワイの全私有地のうち8分の7を所有しているのはわずか39人である。」
「オアフ島は大地主たちが全私有地の3分の2以上を所有している。」
　という記述があります。
　それらの土地の上に建ったコンドミニアムは、借地権つきの物件となっており、ワイキキにも、そのような物件が多く存在しています。借地権つきの物件は、期限まで物件を借りているということです。その期限までは、賃貸に出したり、自宅として住んだりできます。借地権つきの物件を所有している間は、毎月の借地料を支払います。10年20年などの間隔で借地料は改定されて上昇し、その上昇幅が少なければ問題ありませんが、近年は、この借地料の値上げ幅が大きく、以前の数倍になっており、今後も急な上昇を続けていく可能性は否定できません。
　借地料の値上げが近い売り物件や、その大幅な値上げが予想される場合は、相当な値下げをして売却するという事例が多く出ています。また、借地料改定時（更新時期）に土地保有者との交渉が長引き、予定期日までに借地料がなかなか決まらず、決定されるまでの数年を以前のままの借地料を支払い続けているというコンドミニアムや、土地が広く、ビル全体の戸数が少ないコンドミニアムでは、家賃と見まごう借地料額に高騰し、特に自宅としている所有者の負担となっているコンドミニアムがでてきています。従って、現在は借地権つき

不動産よりも土地所有権つきがいいという判断に傾きつつあります。

　借地権つき物件を検証してみましょう。貸した場合の家賃は、借地権つきも、土地所有権つきも変わりません。借地権つき物件の不動産価格は低いのですが、その代わりに借地料という毎月の経費があります。ある人は、計算した20年間の借地料額よりも価格の安さが上回るので、借地権つき物件は、土地所有権つきよりも得だと考えました。ですが、期間を限定して単純に両者を比較することは適切ではありません。それは、借地権つき物件には、「借地期限」という計算できないマイナス点があるからです。借地期限を過ぎれば物件を所有することはできませんので、そのときの不動産としての価値はゼロになります。

　たとえば、30年後に借地期限が来る物件の20年後は、単純に今の価値の３分の１になるのではありません。価値がゼロになる過程ですので、加速的に価格が落ち込むと思います。市場が判断する正確な数字はでませんが、現在の市場は、借地料の更新時期が近いというだけで、大幅に値下げしているので、価値がゼロになる過程は、もっと大きな値下げにつながると判断できるからです。

　また、借地期限が来て、価値がゼロになったときには、一方の土地所有権つきの不動産は、物価上昇とともに価値も大きく上昇しているのですから、借地権つきとの差は非常に大きいと言えます。しかし、借地権つきのコンドミニアムでも利用価値はあります。借地期限まで賃貸利益を計算して購入する人がいますし、親族に相続させるつもりはなく、この先、借地期限までの数十年間を自由に使えればよいと思えば、有効な不動産です。

　借地権つき物件の購入を検討するときには、借地期限が迫っている物件ではなく、ある程度の余裕がある物件を選択し、借地期限が来たら手離すという覚悟をもって購入することが必要でしょう。

　借地料の「改定時期」、「借地期限」は、コンドミニアムのビルによって異なりますので、購入検討時に不動産エージェントにおたずねください。

借地権つき物件購入後の土地所有権の購入

　借地権つき物件でも土地所有権を購入できる場合があります。所有者の集まりである管理組合が土地所有権を購入する動きにでたり、土地所有権が売りに出た際には、多くの物件所有者が土地所有権を購入し、積極的な対応にでています。

　また、もし、借地権つき物件の所有者が土地所有権購入を欲した場合、土地保有者が土地所有権を売りに出す義務については法廷で争われるケースが多く、法律もよく変わりますが、先の見えない借地料という経費の増額は不安ですので、土地所有権を購入できる機会があれば、購入しておいたほうがいいでしょう。

　なお、土地所有権が売りに出た場合には、購入を義務と捉えていたり、購入できなければ売却される可能性などの情報錯誤がありましたが、土地所有権購入は、強制されることはなく、基本的には選択です。

　ただ、土地所有権の価格を提示された場合、それは期限つきの購入価格であり、一定の期間ごとに土地所有権の価格は上昇していくのが通例です。また、その一定の期間を過ぎれば、長い間、土地所有権を購入できない場合がありますが、一度でも土地所有権が売りに出されたことがあるコンドミニアムでは、今後も購入できる可能性があります。ですが、全く土地所有権が売りに出たことが無いコンドミニアムでは、土地保有者が、価値の高いハワイの土地を再開発するという可能性がありますので、土地所有権を購入できるという見通しをするべきではありません。

　借地権つきの物件は借地期限を過ぎれば所有できないという原則を理解することに留めるべきでしょう。そして、将来、借地料がさほど上がらなかった、土地所有権が売りに出て購入できた、10年後に借地権つきの物件の相場がよくなり、利益がでて売却できた、などであれば、それは運がよかったというべきことだと思います。

借地権つき物件の固定資産税額

　借地権つき物件は、土地所有権つき物件よりも価値が低いので税額も低いというのが、常識的な考えだと思います。以前はその常識を反映した固定資産税額でしたが、最近は、土地所有権つきと同等であるという不合理な査定となっています。管轄のホノルル市に抗弁を試みましたが、納得できる説明は得られませんでした。査定基準の不透明さは否めませんが、市の大きな収入源である固定資産税が財政難の埋め合わせであるという声が聞こえています。残念ながら、2013年現在も是正されていません。

瑕疵に関する責任の所在

　もし、物件の配管からの水漏れで、階下へ被害が及んだ場合、日本には、売却後から契約書に定める期間は、以前の所有者に責任があるとして、損害費用を請求される「瑕疵担保責任」という法律があります。売却と同時に物件にかけた損害保険を解約すれば、多額の自費弁償を迫られることになりますので、売却後も枕を高くして寝られないわけです。また、中古物件に数年で不具合が生じてくれば、瑕疵と劣化の明確な区別ができません。
　ハワイの場合は売買途上に物件調査システムがあり、全てに納得して購入するということになりますので、購入した時点から、瑕疵を含めた全責任は新たな所有者にあるとしています。

瑕疵が原因による保険の保証

　以下の2つの条件下で保険が補償されます。
　1、外部（自分の不動産以外）からが原因で起こった損害。
　2、損害の原因がある外部の責任者が知ることはない瑕疵による損害。

では、自分の不動産の配管が水漏れを起こしている場合は、その配管の修理代は、誰が支払うのでしょうか。これは、外部からが原因ではなく、自分の不動産の中で起きていることですので、物件所有者が、修理費用を支払って修理します。
　では、それが原因で階下へ水漏れした場合は、階下の被害についてはどうでしょうか。それは、階下の物件所有者がかけている保険が支払います。上記1と2の両方の条件に階下の損害があてはまります。階下の物件の被害は、外部（上階）からが原因であり、その外部（上階）の物件所有者は、その水漏れを知らなかったからです。

——　過去に起きた事例　——

　当社の不動産エージェントがそのような状況になったことがあります。仮にAさんとしましょう。Aさんの不動産の配管からの水漏れが原因で、階下の物件所有者Bさんのバスルームの天井や壁が、剥がれ落ちる被害がでました。
　階下のBさんは、あいにく、保険に入っておらず、原因を作ったAさんに被害を弁償するように裁判を起こしました。結果は、Aさんの勝訴です。
　Bさんは、外部の被害から自分の物件を守るために、自分で保険に入る必要があったのです。これは、基本中の基本ですので、争うまでもない裁判でしたが、本当に裁判を必要とするのは、配管からの水漏れを、Aさんは、知っていたのか、そうではないのかという争点がある場合です。もし、Aさんが、配管からの水漏れを知っており、放置していたことが原因であると証明できた場合は、Bさんが勝訴します。ですが、配管からの水漏れは、通常、物件所有者の知りえないところで起きます。

　では、トイレの水槽のタンクから、階下へ水漏れを起こした場合は、どうでしょうか。たとえば、この物件は、賃貸されており、入居者は、
「敷物が時々濡れることがあった。賃貸はじめた初日にも濡れていた。」
と証言した場合は、誰が責任をとるのでしょうか。
　敷物のぬれ具合にもよりますが、階下へ被害を及ぼすまで、入居者が判断していなかった場合は、入居者には、責任はありません。では、賃貸はじめた

初日から濡れていたのですから、物件を管理する不動産会社が確認を怠っていたからではないのか、という疑問がでてきますが、たとえ、確認しなくてはならなかったと言えども、管理者が知らない場合は、階下の被害は階下の保険で補償するのです。

　では、お風呂に入ろうとお湯をためているときに、溢れて、階下へ被害が出たときには、誰が、階下の被害を弁償するのでしょうか。それは、お湯をバスタブより溢れさせた人が、弁償しなくてはなりません。それは、過失だからです。賃貸物件の場合で、入居者が原因を作れば、入居者が、弁償しなくてはなりません。

　自動車保険と比較されますが、自動車事故は、誰かが事故の原因を作っており、その原因を作った本人がかけた保険で被害を被った側の損害も補償しますが、不動産は、知らないところで起きている故障、いわゆる瑕疵は、物件所有者の責任ではないという考え方があるのです。

　以上のようなハワイの瑕疵に対する考え方や保険の対応は、実態に即したものであり、中古物件の売りやすい環境作りにも役立っています。
（参照「ハワイ別荘の管理、水漏れの点検と対策」P.111）
（参照「一戸建ての水漏れ」P.122）
（参照「コンドミニアムの設備、メンテナンスと水漏れ」P.188）

不動産の権利に関する保険

　物件の欠陥ではなく、登記におけるミス、隠れた相続人の出現など、不動産の権利に関する欠陥は、権利保険が保証します。購入のときにエスクローが加入の手続きをしてくれた保険（参照「権利保険（タイトルインシュアランス）」P.62）です。物件を手離したあとに訴えられた場合の損害額と訴訟費用も保証されています。

築年数について

　不動産市場の景況を表すには、日本では新築物件の転売件数が主流であるのに対し、ハワイでは中古物件の転売件数を指標としています。ハワイ不動産は、新築物件が大変少なく、中古物件が毎回、調査対象となるので、正確な不動産市況を知ることができます。従って、ハワイでは中古物件が、活発に売買されているということをご理解ください。

　ヨーロッパでは、戦前の古いアパートが近代的な家電とともに美しいたたずまいとなっています。永久に建物を持たせる考え方が歴史ある街を造っています。ハワイも、考え方としては同様で、建物の構造自体が（参照「似て非なるもの」P.16）耐えうる物ですので、築年数が古くても建てなおしという考えは、現時点ではありません。

　ハワイの一戸建ても、築年数が古くても、リニューアルを重ねて価値が上がっていき、豪華一軒家は、価格も豪華なみになります。これまでに、古さに価値があると感じた家は、由緒あるヨーロッパ調の美しさに物件所有者のこだわりを見たり、オールドハワイアンの昔を懐かしく思える家、庭先の大きなマンゴーの木が重ねてきた歴史を思わせて心なごむといった家でした。古くなった家でも愛情を持って手入れをしてきた、その価値を数字に表して売りに出し、納得した買い手が、好んで買っていきます。

　一方、ハワイのコンドミニアムの最近の事情は少し変わってきました。築30年、40年以上のビルがたくさんあり、新しい建物よりもしっかりした造りであることは間違いないでしょう。ワイキキやその周辺のコンドミニアムには、スイミングプールやジャグジー、ミーティングルームなどの施設があり、広いロビーが花を添えて、住人がくつろげる共有の空間があります。居住空間だけの住まいよりも、コミュニティーとしての役割があるコンドミニアムは古くなっても愛着を持てるという話をよく耳にします。これらのコンドミニアムは、築年数が古くとも売り買い活発ですが、カアアコ地区の比較的新しく割安なコンドミニアムは、さらに活発に売買されています。よく売れるということは、人気が高いということが言えます。デザイン性の良さが新鮮に感じられ、新築の

ホテルに足を踏み入れたような錯覚を覚えます。よって、築年数の古いコンドミニアムも、デザインを一新するときがきていると思います。そして、一部には、既に始まっており、重苦しい鉄板彫刻の壁やドア、エレベーターの黒い押しボタン、灯籠のような通路の明かりなど、古さが不快な部分から撤去されています。

減価償却

　もし、減価償却や耐用年数を新築からと規定すれば、古い物件は不利になりますし、住宅取得控除や買い替え特例なども築年数によって区別されれば、古い建物は価値がないと法律が明言しているようなものです。ハワイでは、築年数を法律で区別されることはありません。減価償却は購入されたときからですので、100年経ったビルでも、購入時点から減価償却の1年目がはじまります。よって、築年数においては、アメリカ人のように総合的な尺度をもってご判断ください。

居住権

　不動産が高騰したら、すぐに売却するという希望は多いものですが、居住者に賃貸されている物件でも売りに出すことができます。（参照「ハワイにおけるオーナーチェンジ」P.23）
　賃貸契約終了後に契約延長を許可せずに入居者を退室させて売却してもいいですし、賃貸中であっても普通の売買と同様に売却できます。そして、この居住権が強くないということが、ハワイ別荘として使用しない間を期間限定で賃貸に出すことを可能にしています。賃貸中は入居者に退室をお願いすることはできませんが、契約期間が切れたら、入居者はそのまま退室する義務が生じます。ロングステイやバケーションレンタルなどの短期賃貸、予約の段階から入居日と退室日が決定されています。

また、日本に比べて引越しをしやすい環境にありますので、居住権は強くある必要はないと思います。まずは、引越しにさほどの費用がかからないという点が挙げられます。
　敷金にあたるデポジットは、賃料1ヶ月分までと法律で決まっており、賃貸契約終了後14日以内の返却となっています。デポジットは目立った家具の破損や損害が発生しない限り、入居者に全て返却されます。また礼金というものはありません。不動産会社への手数料もありません。多くの場合、デポジットは全額返却され、次の賃貸物件へは、前家賃1ヶ月分とデポジット1ヶ月分を支払うだけです。
　さらに、冷蔵庫やテレビなどの大型電気製品つき、家具つき、食器などの備品つきの部屋が多いので、買い揃える物も少なくて済み、引越しはますます簡単ということになります。住んでいる部屋に固執することなく、変化するライフスタイルにあわせて、住まいもステップアップできるのは、快適な暮らしの条件です。そして、引越しがしやすいということが、居住権が強くなくとも問題ない居住環境を提供しています。

第1章 購入までの流れ

物件の購入目的と条件

購入目的と条件を明確にしてください。

購入目的
1、ハワイ別荘
2、投資のための賃貸物件
3、価格上昇を見込んだ売却利益目的の投資物件
4、会社の福祉施設

条件
1、一戸建て
2、コンドミニアム
3、地域、広さやながめ、設備や内装の好みについて
4、予算
5、毎月の経費の額（維持費）について

投資（賃貸物件）の場合
1、利回り優先
2、キャピタルゲイン優先
3、貸しやすい物件
4、将来、利用するハワイ別荘に適した物件
5、賃貸形式（長期賃貸物件、または、短期賃貸物件）

（参照「短期賃貸と長期賃貸の契約と賃料」P.210）

あなたが、選んだ賃貸形式（短期賃貸か、長期賃貸）で、物件管理を行ってくれる不動産会社をいくつかピックアップしてください。インターネットやハワイの刊行物から不動産会社の情報が得られます。

ハワイの不動産会社へ確認する項目

あなたの購入条件や物件条件、購入目的、最適な賃貸形態希望などを真摯に受け止めてくれることと、以下の質問にこころよく答えてくれたかどうか、業務が有料の場合の費用、そして、その答えの如何によって判断し、不動産会社を決定します。

（参照「不動産会社と不動産エージェントとは」P.98）

1、管理の費用と管理内容。

　　固定資産税の案内やその処理業務の有料、無料について。コンドミニアムの場合のビル管理費の支払いや、その費用が改定された場合の案内や銀行の引き落とし処理についての有料、無料。

2、賃貸する場合の管理費用額。

　　ロングステイ、1ヶ月間などの短期賃貸を行っているのか、また、長期賃貸のそれぞれの不動産会社の賃貸物件管理費。

　　会計士の紹介についての有料、無料。

　　賃貸に出す場合で、管理を任せる上で、付随する全ての費用は何であるのか、別料金として請求されるものを確認する。

　　物件へ出向いての業務についての有料、無料。

　　専門の修理業者の対応について有料、無料。

（参照「不動産会社と物件管理費」P.99）

3、賃貸する場合、不動産会社の一方的なリフォーム（改装）の条件の有無、リフォームについてのその不動産会社の考え方と方針。リフォーム費用（改装費）の強制的な積み立て金の有無。

4、賃貸する場合、物件に対していい管理をしているかどうか、空き物件、場合によっては、賃貸している物件（ご入居者の許可を得て）でも見せてもらうことができますが、物件価値を維持していくための工夫を具体的にどのようにしているのか、自分の目で耳で確認してください。（「物件価値を維持するための管理」P.90）

購入過程

　購入過程においては、いろいろな書類の内容確認があります。まず、不動産エージェントの説明に納得してから署名を行います。インターネットを使ってメールのやりとりで契約する場合は、添付書類をプリントして署名し、再びメールの添付で不動産会社へ送り返します。または、ＦＡＸでのやりとりも可能です。

　不動産売買の終盤の「権利移転契約書」は、メールやＦＡＸではなく、書類の原本を直接エスクローに郵送する必要があります。この書類の署名は、日本で行うのであれば、アメリカ大使館（または、公証役場）にて行い、ハワイにて行う場合は、エスクローにて行います。本人と確認されてから、公証人の前で署名をすることになります。

　なお、写真つき身分証明書を「ピクチャーアイディー」と言い、大使館では、ピクチャーアイディーと署名の照らし合わせで本人確認を行われますので、第三者が勝手に不動産売買をしてしまうういうことは不可能です。

　署名をどのようなものにするのかご検討の場合は、英語の筆記体の書きやすいもの、人に真似されないものということで、書き慣れておいてください。

購入目的と予算、条件、賃貸する場合は最適な賃貸方法を決定する。
↓
いくつかの不動産会社を訪ねて、信頼できる不動産エージェントを選ぶ。
↓
希望条件にかなう売り物件を検索して選び出す。
↓
選びだした物件を不動産エージェントとともに実際に見る。
↓
購入物件を決める。
↓
購入価格の指し値を決めて買い注文を入れる。(オファーを入れる)
↓
売り手側との書面でのやりとりをして、購入価格決定。
↓
売買契約が成立する。
↓
手付金(デポジット)をエスクローに預ける。(エスクローへの送金)
↓
物件の詳細調査(インスペクション)。
↓
売り手側から物件に関する情報が提示される。
↓
コンドミニアムの場合は、コンドミニアム書類の調査。
借地権つきの物件の場合は、借地契約書類の調査。
↓
シロアリ検査実施。
↓
全ての調査結果がエスクローへ届き、
売り手と買い手の両者がその内容を承認します。

↓

権利移転契約書に売り手買い手の両者が署名し、
エスクローに購入金額の残高を入金します。

↓

登記成立

購入価格決定から、登記までは、通常、約1〜1.5ヶ月ぐらいかかります。

Q
購入期間は、アメリカと日本を行ったり来たりしなければならないのですか？　写真だけで購入するのは、危ないですか？

A
売買期間中は渡米していただく必要はなく、ファクシミリやメールでのやりとりでご購入可能です。ただ、一戸建てやハワイ別荘になさるコンドミニアムは、実際にご覧になることが前提だと思いますし、写真から得る雰囲気と実際にご覧になったそれとは異なる場合がありますので、騒音を含めた音やにおいなども実際にご覧になって確認したほうがいいでしょう。コンドミニアムについて熟知しており、賃貸するだけの投資物件は部屋の写真だけでも大丈夫です。

費用の支払いは日本からエスクローへの送金で済みますので、ハワイに滞在していない場合でもハワイに銀行口座がなくても購入可能です。

日本で営業している不動産会社へたのむ場合

日本で営業している不動産会社と契約して、購入をたのむ場合は、ハワイの不動産売買の利点に準じているのかご確認ください。

・物件見学や案内について無料。
・希望条件の全ての売り物件の情報を得られる売り物件のＭＬＳリストを確認できること。(参照「ＭＬＳリストについて」P.44)

　物件選択の段階では、以上を不動産会社にご指示ください。どちらも大切なことですが、特にＭＬＳリストを確認することはとても重要です。全ての売り物件情報の取得によって、割高な物件をすすめられたりすることは避けられます。たとえＭＬＳリストに載っていない物件をすすめられても、同等の物件の価格を確認して、適正価格かどうかを見極めてください。

　そして、物件価格以外にかかる費用は、何であるのか、費用別に提示してもらうことをおすすめします。また、確認する項目は、以下です。

１、ハワイ不動産市場に売りに出されている価格と同額。
　　（売り出し価格が確定した新ビルなどの売り物件でない場合は、売り手と交渉した値引き価格であること。）
２、適正価格の売り物件であること。
　　（ハワイ不動産市場と同額でも割高の売り物件ではないこと。）
３、購入の際にはエスクロー費用のみで、不動産会社への仲介手数料やその他の手数料も発生しないこと。
４、エスクローを開設して、権利保険（タイトルインシュアランス）の手続きも行われること。
５、物件の様々な調査が行われ、その都度にキャンセルの規定を使えること。

第1章 物件見学とMLSリスト

MLSリストについて

　MLSリストは、マルティプル　リスティングサービス、(Multiple listing service)というもので、どの不動産エージェントも　このMLSリストを片手にお客様に物件案内をします。一戸建てのMLSリストには、その地域の一戸建ての全て、コンドミニアムのMLSリストには、そのビルの全ての売り物件がでています。表になっており、部屋番号、価格、ビル管理費、固定資産税、借地権つき、土地所有権つき、広さ、売りに出してからの日数などが記載され、売り物件の全てを知って比べてみることができます。

　表にある物件には、一軒一軒に、さらに詳細な説明のページがあり、その物件のながめ、設備、部屋の状態、家具つきの有無の情報があり、多くが写真を掲載しています。

　購入検討対象の一戸建て地域やコンドミニアムの名前を不動産エージェントに伝えて、
「売り物件のリストをください。」
と言えば、このMLSリストを提示してくれます。

MLSリストの利用法

　MLSリストは、条件から検索することもできます。たとえば、予算の上限を入力すると、その条件を満たした物件が出てきます。また、過去の売買履歴を調べることも可能です。通常は、過去半年から現在までの売り物件や売却済み物件のリストがでてきますが、2年前から1年前までなどのように遡った期

間を指定をすることもできます。どんな物件が、いつ、いくらで売却されたのかを調べることができるのです。

　ＭＬＳリストに掲載されている物件は、過去に売却された物件も含め、全てに番号がついており、ＭＬＳ番号と呼ばれています。ＭＬＳリストの具体的な売り物件をインターネット上で誰でも見ることができますので、最近では、このＭＬＳ番号の記載とともにどれが最適な物件なのかという具体的な問い合わせもあります。

　不動産エージェントがＭＬＳリストを日々活用していれば、個々の物件の動きだけでなく、広い視野で見た市場の動きを把握できます。不動産市場には活況期や低迷時期があり、売買契約や売却された物件の多少、売却されるまでの速さなどから判断します。売り物件の多い時期であるか否かや、今後の売り物件の増減の傾向も把握できます。

　個々のコンドミニアムにも売り物件数の多少がありますが、もし、群を抜いて売り物件が多いビルについては、その理由の有無を不動産エージェントにご確認ください。悪条件がある場合は、売り物件が多くなり、価格は低くなる傾向にあります。

　相場よりも何分の一の安値の売り物件は、借地権つきで残り少ない期間の所有であったり、タイムシェアーのように一年を数分割して売りに出すという共同オーナーの権利を購入する物件であったりしますので、疑問点は不動産エージェントに質問し、ＭＬＳの物件内容説明についても確認してもらいましょう。

　売却の際には、ＭＬＳリストの他の売り物件を参考にしながら、売り出し価格を決定したり、早期に売却できる価格を把握したりすることができます。売り手にとっては、売り物件が少ないほうが有利ですので、売り物件が多い時期を避けて売りに出すという選択が可能です。さらに観察しますと、売り物件の値引き合戦を目にすることがあります。そのようにならないためには、似かよった物件が売却済みになってから、自分の売り物件を高値で売りに出すといったように、ＭＬＳリストの情報を見ながら作戦を立てられます。

　日本から、売り物件情報を取得したいと思ったときには、不動産エージェントにたのんで、メールやＦＡＸで、このＭＬＳリストを送ってもらいましょ

う。
　このMLSリストを読み取ることができれば、不動産エージェントが提示した買い注文の価格や売却の際の設定価格が適正であるのかということも判断できます。ハワイの渡航前にMLSリストを送ってもらい、希望見学物件をいくつかに絞っておくというのもおすすめです。

MLSリストの見方

　リスト（表の）記載の順番は以下の如くになっています。

　１、現在の売り物件、Aの表示（アクティブ）
　２、売買契約された物件、Cの表示（売買契約された物件）
　３、売買一時中止、Pの表示（何らかの理由で一時、売買を見合わせるが、既に売買契約された物件である可能性が高い物件です）
　４、既に登記までが終了した過去の売り物件、Sの表示
　　　（ソールド、売買契約された価格の表示となっています）
　５、売買中止物件、TまたはWの表示

　リスト（表）の一番右には、市場に出してから今日までの日数が出ています。
　売買契約済みになった時点で、その数字が止まりますので、売却済み物件が、何日目で売買契約されたのかがわかります。売りに出されて、途中で売買を中止した物件も表示されており、それらは、たとえば、以下のような利用が可能です。

── 過去に起きた事例 ──
　あるコンドミニアムには、適当な売り物件がなく、売買を中止した物件に買い手を満足させる物件がありましたので、担当した不動産エージェントに声をかけてみました。

「今は、賃貸中だが、物件所有者はまだ売却したいと思っている。」
と教えてくれ、賃貸契約終了後に買い注文を入れて、買い手の理想の物件を手に入れることができました。また、反対に、
「この物件にこの価格を現金で支払うので、売却してくれないか。」
とたのまれて、購入したばかりの物件をすぐに売却して、この物件の売り手は、短期間にキャピタルゲインを得たということがありました。賃貸目的の投資物件ならではの売買で、MLSリストがあればこそ、このような売買が成立します。このMLSリストは、非常に利用価値が高いので、できれば見慣れておく方がいいでしょう。

一戸建てMLSリストの検索方法

　一戸建てのMLS物件詳細情報には、土地の広さと建物面積、ベランダの面積などが表示されます。地域を限定して、または、通りの名前を指定しますとその全ての売り物件がでてきます。たとえば、「1ミリオンから2ミリオンダラー」などの予算で、または、一戸建ての「地域名」という条件での検索が、多く利用されます。
「広さ」については、家の広さも、土地の広さも　またその両方、で検索することができます。「ベッドルームの数」や「広さ」「ながめ」「オーシャンフロント」「新築物件」という条件などを条件として入力すれば、さらに物件を絞り込むことができます。
　一戸建てのMLS物件詳細情報の多くには、それぞれの家の写真が掲載されており、内装のスタイルを確認することができますが、内装の質の程度、新しさなどは、見学して確認しなくてはなりません。また、間取りは、MLS物件詳細情報には掲載されていませんので、こちらも実際に見て確認する必要があります。（参照「一戸建て（一戸建ての間取り図）」P.127）

コンドミニアムのMLSリストの検索方法

　通常はコンドミニアムのビルを指定して検索し、同じコンドミニアムの中で売り物件同士を比べます。高層階のステュディオが、低層階の１ベッドルームよりも高額であるなどのことがあれば、MLSリストの表によって、一目でわかりますし、格安物件や、割高物件も把握できます。
　ステュディオと１ベッドルームでは部屋の広さが大きく異なりますので、広さを優先するのか、ながめを優先するのか、中庸をとるのかによって、対象物件を絞っていくことができます。
　コンドミニアムの指定をせずに価格帯やベッドルームの数、地域を入力すれば該当する全ての売り物件がでてきますので、たとえば「１ベッドルーム」「30万ドルから40万ドル」地域は「ワイキキ」と入力すれば、予算内のいろいろなコンドミニアムのビルを知ることができます。同じ条件の中で、コンドミニアム同士を比較して、検討対象コンドミニアムを見つけることができます。
　ただ、「１ベッドルーム」という項目だけの入力では、膨大な数の売り物件がでてきますので、ある程度の条件を決定して入力する方がいいでしょう。

物件見学

　不動産エージェントは、売り物件のアウトラインをお客様に紹介しますが、それだけでは、物件の顔とも言える眺めや内装の詳細は不明ですので、実際に見て確認する必要があります。物件見学をすることで、その物件へ必ず買い注文を検討しなくてはならないということではありません。物件見学によって、好みや希望条件をよりいっそう明確にできるいい機会であると理解しましょう。
　ただ、条件を明確にして見学に臨まれても、条件に当てはまらない物件に「これだ。」と、惚れ込んで購入に至ることも多くありましたので、希望条件だけが全てではないと感じています。

ながめの壮大さや内装の良さ、生活を始められたときのご自分の姿を想像され、この家に住んでいる自分が最もしっくりくると思われたり、日本の自宅と別なタイプ、非日常を感じさせる斬新なデザインを好まれるということもよくあります。

　売り物件は内装を全てをリニューアルして新装で売り出す場合がありますし、古い内装のままの場合もあります。また、コンドミニアムの場合は、同じビルの、同じ間取り、同じ階、同じ価格であっても内装や家具、ながめが異なれば、全く違う雰囲気の部屋になりますので、実際に物件を見てそれらを確認します。

　賃貸にだす物件は、いくらの賃貸料で貸せるのか、どの部分のリフォームが必要でいくらなのかを不動産エージェントに確認してください。内装の良し悪し、階数、ながめによって、賃料は異なります。

　さて、同じ売り物件をどの不動産会社からでも案内できるので、もし、複数の不動産エージェントに物件見学を依頼した場合は、異なる不動産エージェントから同じ売り物件を何度も見るということが起きます。既に見学を済ませた物件については、不動産エージェントに伝えておくのはマナーだと思います。

　賃貸されている売り物件の場合、直前の物件見学のキャンセルは、その入居者や管理担当の人に迷惑がかかります。

　また、同じ物件を複数社へ依頼して何度も見学し、最後に案内してくれた不動産会社から購入の手続きを進めている最中に、以前にその物件を案内した別の不動産会社からクレームがつく場合があります。その場合は、その不動産会社へ、売買手数料の一部を支払わなければならないという可能性がでてきます。

　通常の不動産購入は、一社のみに依頼し、購入の際には、不動産会社への仲介手数料は発生しません。

オープンハウス

　日曜日の午後2時から、5時までは、オープンハウスと言って、誰でも売り物件を見学できる機会があります。土曜と日曜の新聞には、その情報が出ていますので、事前に調べて効率よく見て回るといいでしょう。

　購入する気はなくとも、ただ単にコンドミニアムとはどのようなものか興味がある場合や、近所のオープンハウスを見に行って、内装のリフォームの参考にするという人もいるでしょう。オープンハウスの情報を知りたい場合は、懇意にしている不動産エージェントに尋ねたり、不動産会社へ電話をして、情報を届けてもらいましょう。

　もし、真剣にハワイ不動産の購入を検討しているなら、不動産エージェントに声をかけて一緒に見て回るのがいいでしょう。不動産エージェントは、日ごろからオープンハウスを見て周り、市場調査ともいうべきことを行いますので、多くの情報を得られます。

　不動産エージェントを連れて行かずに、一人で行く場合は、オープンハウスに立ち会っている売り手のエージェントに　質問してみるのもいいでしょう。既に連絡を取り合っている不動産エージェントがいたとしても、オープンハウスで、よりよい不動産エージェントに会えるかもしれません。行き届いた管理を実行する素晴らしい不動産エージェントを見つけたら、その人に別の売り物件を見せてもらって、売買をたのむこともできます。そのときどきの事情によって、オープンハウスを利用しましょう。

　購入を前提として物件見学をするときに、日曜日が重なれば、不動産エージェントにオープンハウスの物件も紹介してもらいましょう。通常の物件見学では、売り手側と時間を決めて見学予約をしますが、オープンハウスは、時間的制約がありませんので、多くの物件を自由に見ることが出来ます。

　最近では、ビデオやカメラを持って撮影をなさる見学者が多いのですが、その場合は、一言、その売り物件に待機している不動産エージェントに撮影の許可を取りましょう。また、売り物件は内装の良さを維持する必要がありますので、靴を脱いで部屋へ入るなどの配慮が必要です。

Q

売り物件をコンピューターのオンラインＭＬＳリストに載せる前に購入待ち客に情報を流して売買が決まるケースも間々ありますか？

A

当社ではオンライン登録と購入待ちのお客様への報告とは同時に行います。インターネットのＭＬＳリストを見た一般の人と、当社の顧客のどちらが、買い手にとっていい価格や条件を出すのか不明だからです。

複数の買い注文がはいれば、それらを比べてどの買い手を選ぶかは、売り手の判断であり、正当な不動産売買の手順です。この正当な手順で売買をすすめ、売り手にとって最高の買い手をつかまえるということが不動産会社の使命です。

売り手に特別な要求がない限りは、必ずインターネットのＭＬＳリストに売り物件を登録して、必要な全ての人に売り物件の情報が届くようにします。

Q

ＭＬＳリストを見ると35万ドルで出ていた売り値の物件が、今は、売買契約されて売り値が32万ドルの表示になって、売買契約されて、Ｃの表示になっています。これは売り値が下がった時点で、すぐに売買契約されたということでしょうか。

いつ、売り値が安くなるのかわからないので、油断していると、他の人に取られてしまいますね。売り手が価格を下げた直後にタイミングよく、その物件を購入する方法はありませんか？

A

その場合は、購入希望価格をあなたの不動産エージェントに知らせ、売り手側に伝えてもらうのです。売り手が、納得すればその価格で売却に応じてくれることもありますし、そのときには応じてもらえなくても、他にいい条件での買いが入らない場合は、後日、あなたの希望価格での売却に応じるということがあります。

第1章

いずれにしても売り手側に意思表示をしておくことが有効です。もし、あなたの希望価格と売り手のそれと、大きな価格差がなければ買い注文を入れてみてもいい場合がありますので、不動産エージェントにご相談ください。

Q
ＭＬＳリストの売り物件情報に家具類はＮＯＮＥと記入されていますが、エアコンもない部屋なのでしょうか？
A
通常は、エアコンと冷蔵庫、お部屋の電灯類、キッチン設備があるはずです。我々不動産エージェントがその売り物件について確認してお知らせします。

第1章 ハワイ不動産売買の特徴

購入キャンセルの事項

　このキャンセルの事項は、当方の前著の「資産活用の切り札……」の中では最も反響のあった部分です。それまでの書物やホームページなどには、売買のキャンセルについては、全く記載されておらず、不動産エージェントも説明していないという印象がありましたが、最近では多くの方がご存知になり、重要事項として、理解を深められているようです。

　―― 過去に起きた事例 ――
　ただひとつ、大切なことを書き忘れたと気づかされたのは、お客様からのお電話でした。
　「購入をキャンセルしたいが、『借地権を理由にはキャンセルできない。』と言われて困っている。どうしたらいいのか。」
　このときは、既に売買の最終段階、「借地権の情報開示」でしたので、これを逃しますと、購入をキャンセルできません。そして、お客様のもっと詳細な事実を確認しますと、
　「土地所有権の売りだしの可能性が不明なら購入したくなくなった。」
　というのが本当の理由でした。そして、もう一度、不動産会社へ伝えたが、不動産エージェントからは、
　「借地権については、最初に説明を受けて納得して購入手続きしたのだから、『借地契約』を理由には購入をキャンセルできないし、土地所有権購入の可否についても、『借地契約』とは無関係なので『借地契約』を理由には購入をキャンセルできない。」
　と言われたそうです。

土地所有権の購入の可否が、借地契約と関係の有無は別として、この不動産エージェントの対応は間違っています。実際には、どんな理由であっても買い手の気持ちがキャンセルに傾けばキャンセルできるのです。よって、上記の例では、
「借地権つき物件の土地所有権を買える可能性が全く不明だから。」
　というのが理由であっても、
「借地契約に不満なのでキャンセルする。」
　と所定の書類に記載して返送し、期限内にキャンセルします。名目上の理由と実際の理由が異なっていてもキャンセルできるのです。過去25年の経験では、キャンセルできなかったことは一度もありません。最近では、購入に踏み切ったお客様が、健康診断の結果が思わしくなかったという理由でキャンセルされた経緯があります。

　前著の「資産……」では、「借地契約について不満を理由にキャンセルできる。」と記載しましたが、「どんな理由であっても」というひとことが抜けていたために当方の明確な意図が伝わっていなかったと思います。深く反省した次第です。

　── 過去に起きた事例 ──
　また、このような例もあります。
「買い手の出す条件を満足させ、物件調査（インスペクション）でも、売り手の情報開示も問題なく、コンドミニアムに関する書類の内容をよく読んでも訴訟もなく、正常な運営です。非の打ち所のない、こんな素晴らしい物件は二度と出ませんよ。」
　と不動産エージェントから言われて、購入手続きを進めて、後日、そのコンドミニアムの環境を知ろうと、あたりを歩いてみたら、たまたま日曜日で、オープンハウスをやっていた。ある物件を見学したら、キッチンのテーブルの上にＭＬＳの売り物件情報の書類があり、その売り物件に立ち会っている不動産エージェントから、見方を教わった。そのコンドミニアムで、自分が紹介された売り物件は１軒だけだったが、ＭＬＳの書類には、たくさん載っており、

自分が購入手続きをしている物件よりも安い物件がたくさんあった。そこで、もしかしたら、不動産会社の都合のいい物件をすすめられたのではないか、という疑いを持ち、キャンセルすることにしました。
「そしてキャンセルをいつの時点でどのようにしたらいいのか。」
と、お電話をくださいました。
　キャンセル通告は、キャンセルの事項のタイミングに合わせなくとも、キャンセルと決めたら、なるべく早い段階で、不動産エージェントに伝えましょう。
　また、購入を決めるときの、
「こんな素晴らしい物件は二度と出ませんよ。」
という不動産エージェントの言葉が、動機になったとのことでしたが、内装がいいのか、ながめがいいのか、価格が安いのか、といった具体的な条件を多くの物件と比較してはじめて、素晴らしい物件ということになりますので、不動産エージェントに特定の売り物件をすすめられたら、なぜなのかということを知るためにＭＬＳの売り物件情報を見せてもらいましょう。そのコンドミニアムで売り物件がたとえ１軒だけだったとしても、過去の売買履歴を見て判断することが出来ます。

　また、物件の詳細調査では、
「大きな欠陥や不具合が見つかればキャンセルできる。」
と説明する不動産エージェントがいましたが、
「軽微な欠陥や不具合では、キャンセルできない。」
というニュアンスの説明であれば、こちらも間違いです。運用ではキャンセルの理由は問われないのですから、軽微な欠陥であっても、それを不服としてキャンセルできるのです。
　キャンセルするときには、不動産エージェントからキャンセルの理由を聞かれると思いますが、口頭で伝えるだけで、通常はキャンセルの対応をしてもらえるはずです。
　市場の状況が許せば、投資物件の購入の際には、
「他にも買い注文を出していますので、そのうちの一軒の物件を選んで購入し

第１章

ます。」

と契約書に記載して、数軒に買い注文を出し、最もいい条件の物件を購入するという買い方ができます。もし、この条件を記載できなかった場合でも通常のキャンセルの事項を使ってキャンセルします。選んだ一軒と売買契約を結び、その他の買い注文をキャンセルできるのです。

また、店舗物件の購入では、店舗を所有しても、ハワイに住んで働くことができなければ、営業を人に任せなければならなくなりますので、投資ビザが取得できたら購入するという条件の記載が重要になります。

—— 過去に起きた事例 ——

また、過去には、こんな事例がありました。

買い手は購入物件を決定したところで、一歩遅く、その物件を他者へ売買契約されてしまいました。そこで、その物件をあきらめて第二希望の物件に買い注文（オファー）を入れて売買契約したのです。しかし、購入をすすめている最中に第一希望の物件の売買がキャンセルになったという情報を得ました。そこで、このキャンセルの事項を使って、第二希望の物件の購入をキャンセルし、第一希望の物件を購入することができたのです。

「他の物件へ新たに買い注文を出す。」

という理由は伏せますが、書類上では物件検査や情報開示の内容を不服として、キャンセルしたのです。

不動産との出会いは縁であると思いますが、貴重な一軒ですので、理想とする物件への執念は最後まで持ち続けるべきだと思います。そのためには、買い手がこのキャンセルの事項と、利用できるタイミングをよく理解しておくことが大切です。また、上記の例では、

「第一希望物件の売買契約がキャンセルになったら、この物件を購入したい。
第二希望の物件の売買はキャンセルする。」

という正直な気持ちを担当の不動産エージェントに伝えておかなくてはなりません。

キャンセルと期限

　実際の運用では、理由は問われずにキャンセルできるのですが、以下記載の5回の時期があり、売買契約書には、それぞれに期限が設定されており、その期日内にキャンセルの意思表示をしなければ、キャンセルできません。しかし、時期にかかわらず、キャンセルしようと決めた時点で、速やかに不動産エージェントに伝えてください。不動産エージェントは、機会を見計らってキャンセルの手続きをしてくれます。ローンや借地権には関係ない物件の購入は、シロアリ検査の情報開示が、購入をキャンセルできる最後の期限ですので、忘れないでください。

　ただ、期限内なら、いつでもキャンセルできるという安易な気持ちで買い注文を入れるのではなく、熟慮してから買い注文を入れましょう。

　なお、ローン時のキャンセルについては、ローンが降りれば買い手の意思によるキャンセルはできません。

1、物件調査（インスペクション）の結果を取得後
2、売り手側から提示する物件の情報開示後
　　（及び、一戸建ての場合は、測量と地域の規則や条例の提示コンドミニアムの場合はビルに関する書類の提示）
3、シロアリ検査の情報開示後
4、借地権の情報開示、借地契約の書類の提示後
　　（土地所有権つきの物件にはあてはまりません）
5、ローンを組めなかった場合は、売買契約はキャンセルになります。
　　（ローンを組む予定で売買契約を交わした場合のみに該当）（参照「ローンを組む」P.67）

売り手の売却キャンセル

　基本的には売買契約が結ばれますと、売り手は売却をキャンセルすることはできません。しかし、契約内容のとおりに売買が進まない場合は、売り手は売買契約をキャンセルすることができます。
　たとえば、買い手がローンを組んで物件を購入するときに　そのローン手続きが長引き、不動産登記が予定よりも遅れる場合です。予定期日は、契約書に記載された登記期日で、これよりもさらに遅れる場合は、それを不服として売買をキャンセルできます。そして、再び別の買い手を待つことができますし、不動産売却自体を止めてしまうということも可能です。

物件の詳細調査

　物件の詳細調査は、売買契約からおおむね10日以内に行われます。これは買い手側の不動産会社が不動産調査専門の人（インスペクター）を雇い、物件に欠陥や不具合がないかを調べて買い手に報告します。買い手自身でも調査は可能ですが、インスペクターと一緒に行うのがいいでしょう。コンドミニアムは、＄150からで広さによって費用が異なります。一戸建ては＄400前後からというリーズナブルな料金です。

　── 過去に起きた事例 ──
　当社の売買において、
「カーペットの下の床が盛り上がっている。」
とのインスペクターの指摘に基づき、物件購入をキャンセルした事例があります。これは、構造上の鉄筋が錆びて曲がっているためにコンクリートを押し上げて、カーペットが盛り上がっているのでないかという推察でした。ベランダについては、排水の必要性があるので、平らになっていない、または、傾斜になっているのですが、屋内の場合は、見た目にはわからない程度のもので

も、大きな欠陥である場合があります。鉄筋の欠陥は、数千ドルで補修可能ということでしたが、工事は階下にも及び、欠陥の程度を把握できませんので、購入を見送りました。

　余談ですが、当社の買い手の購入キャンセルのあと、すぐに別の買い手が現れて売買契約されたそうです。構造上の欠陥を知ってか知らずか、価格の安さのみを重視して購入したかもしれません。アメリカは価値観の違いが大きく、欠陥のひとつやふたつはあるだろうと大雑把に考える人もいますし、反対に完璧でなくてはならないと、気の遠くなるほどに細かく内装に手を加える凝り性もいます。捨てる神あれば拾う神ありといったところです。

　当社が雇うインスペクターの報告書は、基礎と構造、外観、水周り、電気系統、エアコン、内装、キッチンの項目があり、それぞれがさらに細かく分かれ、その名称や材質など全てを網羅された名称がぎっしりと詰まっています。この書類とプロの見る目によって、欠陥を見抜く技量が生まれているようです。また、インスペクターは、コンドミニアムの不具合や欠陥が生じやすい箇所、その特徴について、熟知していますので、専門家にも見てもらうのが安全です。

　—— 過去に起きた事例 ——
　リニューアルが済んだ美しい一軒家、家具を買い替えて一新された家を気に入って、購入手続きにはいりました。1週間ほどで、インスペクターの物件の詳細調査を行い、不具合が見つかったのは、いくつかの窓やサッシのドアに鍵がかからないというものでした。鍵の2つの部品がかみ合わないのです。サッシや窓枠がずれていることが原因でしたが、枠周辺には隙間は見当たらないので、壁や床もずれているのではないか、ということでした。垂直水平測定器で、確認したところ、誤差が大きく、古い家なので基礎にガタがきている、壁も補修が必要というインスペクターの結論に達しました。インスペクターの指摘がなかったら、単なる窓枠だけの損害で済まされていたかもしれません。もちろん、購入はキャンセルされました。

物件の詳細調査で不具合が見つかれば、不動産エージェントに十分な対応を求めましょう。あなたの立場になって、適切なアドバイスをしてくれます。欠陥や不具合そのものについて不満であれば、買い手側の判断で売買途中でキャンセルすることができます。どうしても気になる不具合は、物件に対する愛着や縁がなくなるような気がするものです。自然にキャンセルを選択する方向に行くでしょう。

　もし、売買契約書に「現状維持」（アズイズ）で、売り手が物件を売却するという条項がついていれば、これは、この詳細調査で不具合が見つかっても売り手は修復する費用を負担しないで、現状のまま買い手側へ引き渡すということを意味します。買い手側が、その修繕費用を負担しなくてはなりません。その費用が高額になったり、高額でなくともその不具合そのものについて不満であれば、売買を途中でキャンセルできます。

情報開示

　売り手からの物件の情報開示は、場合によっては、一回だけとは限りません。物件の新たな情報があれば、売り手はその都度、正式な書類によって知らせること、となっています。

　　── 過去に起きた事例 ──
　たとえば、有名なブランド名の新築ホテルコンドミニアムを購入するのだと思い込んで購入手続きをしたところ、実はそのブランド名は、名前だけで、経営も建築もブランド名とは無関係というものでした。これは、はじめから判明していた事実ですので、買い手を募る最初の段階で、開発業者から発表されるべきで、購入手続き上では、正式な書類で、買い手にわかるように示されなくてはなりません。ですが、実際は、購入の最終段階で、開発業者は訴えられました。

　もし、不動産エージェントを通して、このホテルコンドミニアムを購入手続きをしたのなら、この訴訟が起きたことと、経営も建築もブランド名とは全く

関係ないという2つの事実を、買い手は、不動産エージェントから、知らされなければなりません。

　情報の良し悪しは問題ではなく、物件にかかわる全ての情報を得て、買い手が理解し、購入の是非を判断するというのが、情報開示の基本的な精神で、まだ見ぬ新築物件の購入にまで、同様に生かされるべきものです。

　不動産エージェントと顧客とは、フィデュシャリーfiduciary（忠誠）の関係です。
「お客様の立場に立って売買を致します。」
と言われたら、具体的にはこのfiduciary（忠誠）の行動を指すのだと理解してもいいでしょう。フィデュシャリーfiduciaryとは、不動産エージェントが全ての手段や情報を渡して、顧客の選択をあおぐ、そして、顧客の利益を考えて行動することにあります。もし、売り手やその不動産エージェント、また、買い手の不動産エージェントが、fiduciary（忠誠）の行動を取らずに、情報を渡さなかったために買い手が損害を被ったならば、不動産エージェントは責任を取らなければなりません。

　通常は売り手からの情報開示ですが、売り手の不動産エージェントや、買い手の不動産エージェントから情報をもたらされることもあります。売り手自身は情報開示していなくても、たとえば、物件へ足を運んだ不動産エージェントが、もし、物件の欠陥などを発見したら、買い手に報告する義務があります。そして、必要ならば、不動産エージェントは、売り手に情報開示するように求めなくてはなりません。

　また、専門家による物件調査やシロアリ検査を立会って見ているだけではなく、不動産エージェントは、買い手の気持ちになって物件を観察するというのは、fiduciary（忠誠）の行動です。そして不動産エージェントが何かを発見すれば、必ず、買い手に情報がもたらされます。

　また、たとえば、買い手が、
「30万ドルで購入できれば御の字だ。」
と口にしても、不動産エージェントは可能ならば、30万ドルよりもさらに低い価格の契約をするように最善を尽くします。不動産の法律を学ぶ初期の段階

で、この心構えを叩き込まれますので、fiduciary（忠誠）の精神を知らない不動産エージェントは、ひとりとしていないのです。

権利保険（タイトルインシュアランス）

　ハワイの特徴あるシステムの中でこの権利保険（タイトルインシュアランス）は特別な意味を持ちます。直訳しますと、タイトルインシュアランスとは、「不動産所有の権利を保証する」です。もし、エスクローを利用しないで不動産売買が行われ、この保険に加入する機会がなかったら、不動産自体が、正当なものであるという保証がないということになりますし、売買行為自体も保証できるものではないかもしれません。

　権利保険会社は、保険を承諾する前に、その不動産について、入念に調査をします。該当した事象が起これば、権利保険会社がその損害に対して支払いをします。対象の不動産価格（購入時の）までが保証されています。売買中にエスクローが権利保険（タイトルインシュアランス）をかける手続きを行いますので、買い手自身では、権利保険会社との直接のやりとりはありませんが、「権利保険（タイトルインシュアランス）をかける」という意味を理解しておきましょう。

　ある弁護士が、ある権利保険会社に質問したところ、過去の保証金の支払いは一度も無いという回答を得たという話がありますが、これはうなずけます。つまり、権利保険をかけた売買には、詐欺などによる売買行為が行われなかった。また、権利保険をかけた不動産は、全て正当な不動産であったということです。見方を変えれば、権利保険をかけている売買や不動産には、大きな安心があり、この権利保険をかけない不動産や売買は危険なものであるということです。よって広い意味としては、正当な売買や不動産を証明するということにおいて、この権利保険の存在が利用されています。

エスクロー

　各不動産会社のホームページなどでは、必ずと言っていいほど、エスクローの説明がなされていますので、ここでは簡略しますが、オークションサイトのエスクローというシステムと同様に購入者が商品を受け取るまで売買代金を預かったり、売買が正当に行われるかどうかの監視役ということで理解していいでしょう。ただ、最近の日本では、エスクローと言う名前を一部使用した不動産会社が現れているようですが、アメリカの不動産売買で言われるエスクローとは、政府公認であり、個々の不動産会社とは立場を異にしている中立機関です。また、エスクローは、ハワイには、いくつかあり、買い手が選ぶことができます。指定がない場合は、不動産エージェントが紹介します。
　最初の手付金を不動産エージェントがエスクローへ持っていくことがありますが、それ以外の全ての金銭授受と決済は、このエスクローを通して行われます。

エスクロー社の仕事

1、登記が完了するまで、代金と売買契約書を預かります。
2、以下を調査したり確認したりします。
　（1）売り物件に、売り手以外に第三者の権利が、有していないか。
　（2）二重譲渡がないか。
　（3）現在の所有者の抵当権などの物件情報を調べる。
　　　（売り手にローンなどの借入金がある場合は、登記時に決済する）
　（4）権利保険をかける。
　（5）ビル管理費、固定資産税などの不払いがないか。
　（6）シロアリ検査で、異常はないか確認。
　（7）契約を履行しているか確認、注視する。
　（8）ローンで購入する場合は、ローン会社とのコーディネイトを行う。

（決済、調整）
（9）売買代金の決済の実行。
（10）弁護士を使っての登記書類の作成
（11）登記実行。

第1章 価格と購入費用

手付金（デポジット）

　売買契約と同時に手付金額が決定し、売買契約書に付記されます。ハワイの不動産売買では、期限を守ってキャンセルを通告すれば手付金は返却されます。この期限は、売買契約書に記載されています。追加の手数料を求められることがありますが、ステュディオ、1ベッドルームクラスでは慣習的に＄1000という低い金額が手付金です。

　また、購入をキャンセルした場合は、エスクローの経費がかかれば、その経費を引いて返金され、売買の初期段階では、おおむね手付金の全額が返却されます。

　また、手付金額は高額のコンドミニアムや一戸建てなどの売り物件の場合は、買い手が5千ドルや1万ドルの手付金額を提示します。その手付金額で売り手が納得する場合と、売り手側から手付金の増額を要求される場合があります。

　売り物件によって明確な手付金額が定まっているわけではありません。手付金は、売買契約が結ばれてから初期の段階で、通常は不動産会社を通して、エスクローへ支払います。現金やトラベラーズチェック、銀行の小切手で支払えます。手付金は売買代金の一部となり、決済のときには、手付金額を引いて物件購入費用総額をエスクローへ支払うのです。

物件購入にかかる税金、費用

「登録免許税、印紙税、不動産取得税、消費税の支払いのような税金があるな

ら、予備の資金はいかほど必要か。」

とのおたずねがありましたが、ハワイの不動産購入や売買には、税金の支払いが全くありません。ただ、固定資産税については、年2回の支払いの1回分を不動産登記日以前を売り手が支払い、以降を買い手が支払うようにエスクローが日割りで計算し、最終的な購入費用の一部として、調整します。

不動産会社への手数料については、売り手が支払いますので、買い手は支払いません。かわって、エスクロー費が必要です。エスクローが請求する費用の中には、先の固定資産税や登記終了日から月末までと翌月のコンドミニアムのビル管理費、書類作成の弁護士費用、書類のやりとりにかかった経費、不動産権利保険の費用などが含まれます。エスクローが請求する金額は、物件価格の0.5から1％前後です。物件や価格によって費用総額は異なります。(参照「エスクロー」P.63)

物件価格

2013年現在、ワイキキとその周辺の借地権つきのステュディオは8万ドル台から、1ベッドルームは20万ドル台からです。土地所有権つきの主要なコンドミニアムの1ベッドルームは、30万ドル台からです。2ベッドルームやそれ以上のクラスのコンドミニアム、一戸建ては価格幅が大きく、高額物件には高額の価値があり、低い価格設定には低いなりの理由があります。価格を決定する要素は、コンドミニアムの場合はグレード、部屋の設備や内装の新しさ、広さ、階数(高層階は高額)、ながめなどです。物件価格とは、その物件の価値を反映したものです。

物件見学をして、売り値に疑問がある場合は不動産エージェントにおたずねください。売り値は売り手の言い値ですから、必ずしも適正価格ということではありません。様々な条件を総合的に判断して、その価格が適正なものかを見極めなくてはなりません。そして、買い手は指値を入れて交渉し、購入価格を決定して売買契約するのです。

価格交渉は、日本の不動産売買手順と同様に価格の折り合いがつくまで希望

価格の提示をします。そして、双方が、最終的に歩み寄った金額が購入価格となって、売買契約を結びます。ただ、口頭でのやりとりではなく、不動産エージェントが作成した書類のやりとりとなります。

ローンを組む

　日本にお住まいの日本人でもハワイやアメリカの銀行を使ってローンを組むことができます。ローンは、銀行へ直接申し込む場合と、銀行を照会してもらえるモーゲージ（ローン）ブローカーへ申し込むことが一般的です。モーゲージブローカーは、購入者に最適だと思われるローンを紹介してくれますので、日本のようにいろいろな銀行を訪ね歩く必要はありません。どのローンを利用できるのか、購入の前に下調べをし、ローンの見当をつけておきますと、売買がスムーズに運びます。借り手の財政状況などが審査の対象になります。ローンの審査には融資額に応じた手数料が必要になります。

　また、ローンに必要な書類は、売買契約書、源泉徴収票、給与明細書、銀行との取引明細やクレジットカードの支払い明細、顧客である期間を記載した銀行の一筆、個人事業主の場合は税務申告書の写し、決算書などとなっていますが、個人の資産状況によって特別な書類の提出を求められることがあります。可能な限り英語の書類をそろえてください。英語で揃わない書類は、英訳しなくてはなりません。不動産エージェントにご相談ください。売買契約前にローンが組めるかどうかの下調べの際に審査を依頼する場合は、売買契約書は不要ですが、コンドミニアムの見当をつけておきますと、ローンを組む側は明確な判断ができるでしょう。

　ローンに関する手続きの流れは、申請、予備審査、本審査、承認、通過という順番です。売買契約書には、ローン成立が購入条件であると明記され、ローンが組めなければ売買がキャンセルになります。

　日本在住の人がアメリカでローンを組む場合は、アメリカ在住の人に比べ、頭金が多めに必要です。通常は、物件価格の30％から50％になります。頭金の額、ローンを組む年数、利率もローン会社や各種ローンによって異なります。

また、固定金利と変動金利の選択ができます。金利について、一般的に言えることは、好景気で不動産市場が活況を呈しているときには加熱した投資を抑えるために利率を高くして、金融引き締めを行い、不景気で不動産市場が低調なときには、ローンを組みやすい低い利率として住宅を購入しやすくしています。2013年現在は、不動産市場を活況に導くように、歴史上最も金利が低くなっていますので、このようなときに固定金利で借りるのがいいでしょう。

　借り手の条件だけでなく、購入物件の条件もあります。ステュディオは、あいにく、ローンを組める物件が少なく、キッチンのカウンターにコンロが設置されたタイプであること、または、フルキッチンという条件がつく場合があります。キッチンが無いホテルタイプのステュディオには、ローンを組むことが難しくなっています。1ベッドルーム以上の場合は、オーナー占有率（物件所有者がそのコンドミニアムの住人であるという割合）が50％以上でなければならないという条件がつく場合があります。これは物件所有者が住人として住んでいるビルのほうが共有部分の傷みが無く、価値が維持される不動産である、また、住人に好まれる不動産ということが言えるので、不良債権となった場合でも売りやすいなどの考え方が、銀行にあるのかもしれません。

　また、ハワイに会社を設立して、会社名義でもローンを組むことができます。ただし、個人保証が必要になり、会社の最高責任者が支払いを保証することになります。その最高責任者が日本在住の場合は、ハワイの非居住者としてのローンと同様の条件となります。

　ところで、稀なケースですが、売り手から資金を借りてローンを組むことができる場合があり、その旨が物件詳細情報ＭＬＳに記載されています。毎月の返済額や金利は売り手との交渉になります。そして、物件には売り手による借入金額の抵当権が設定されます。その抵当権は、買い手が借入金額を完済すれば、抹消されるのです。売り手が、一度に大きな資金を手にしたくない場合や、市場に動きがあまり見られないときには、買いやすくするために、売り手がこのような有利な条件を提示することがあります。

　数年前には、ハワイの物件を担保に日本でローンを組むことが可能でした。一部の外資系の銀行でしたが、昨今は、ヨーロッパの金融危機などを経て、グローバル化に待ったがかかる時期となりましたので、ローンの可否はその都度

確認が必要です。最低融資額の条件があるものや、3ヶ月ごとの金利の見直しが行われて返済額が変動するものがあります。ドルの融資を受けて、円での返済となりますので、多少なりとも為替のリスクがあります。

Q
利率のいいローンを紹介してもらった不動産会社があったのですが、都合で他の不動産会社から物件を購入することにしました。以前、紹介してもらったローンは、今度の不動産会社では取り扱っていないのですか。
A
どの不動産会社からでもご希望のローンをご利用になれます。また、不動産会社は特定のローンを紹介するかもしれませんが、ご自身でローン業者や有利なローンを選択できます。

Q
購入金はドル換算の日本円でも可能でしょうか。
A
最終的な購入資金は、円をドルに両替して、ハワイのエスクローへご送金いただくことになります。

Q
ハワイへ不動産を購入しにいく時には、いくら持っていけばいいのですか？
A
購入物件が決まって売買契約が結ばれた時点で、大きな物件でなければ、通常はデポジット（手付金）の＄1000程度をご用意ください。大きな物件の追加のデポジットも日本からの送金で済ませられます。

第1章　69

Q
　将来、ハワイ不動産を購入しようと思いますが、日本がインフレで物価上昇が激しくなったときには、ハワイ不動産はどうなっているでしょうか？
A
　インフレになるということは、その国の貨幣価値が落ちるということを意味します。円が暴落して、対ドルで弱くなっていれば、ハワイ不動産購入には多額の日本円が必要になります。また、インフレによって打撃を受けた景気のもとで日本からハワイへの観光客が少なくなれば、ハワイの根幹である観光産業が影響を受けるのは必至です。また、ハワイ不動産を売却して、多額のドル資金を手に入れ、日本のインフレに備える日本人が多くなるかもしれません。
　しかし、基本的には、日本がインフレになっても、ハワイの観光産業が堅調であり、また、ドルの貨幣価値が維持されていれば、ハワイ不動産市場も堅調であると思います。

第1章 登記と権利

権利移転契約書、登記と登記簿謄本

　売買手続きの終盤には、売り手と買い手の両者が「権利移転契約書」にサインし、その「権利移転契約書」をもとにエスクローは、不動産登記を行います。そして、数ヶ月後には、登記を完了したという登記所の証明スタンプが押された「権利移転契約書」が、売り手と買い手に郵送されます。

　この「権利移転契約書」は、売買のたびに毎回作成される書類で、誰の不動産が誰に渡ったということが記載されており、そのときの単なる売買の記録です。また、日本の「権利書」のように不動産と同一の価値はありませんので、担保にしたり、「権利移転契約書」をもとに別の売買を行うことはできません。

　皆さんに理解していただきたいのは、ハワイ州の正式な売買や移譲の手続きを経ずに不動産が別の人に渡ることはないということと、「権利書」というものはハワイの不動産売買では存在しないということです。

　また、「権利移転契約書」は、そのときの1回の売買において使用されるものですので、過去の売買や所有者の変遷についての記録はありません。不動産エージェントが、これらをインターネット上で調べることができますが、正式な登記の記録は、登記所のコンピューターに管理されており、いつでも書類を取り寄せれば日本で言うところの「登記簿謄本」で、現在の所有者が誰なのかを証明できます。

　さて、売買の終盤の登記手順をまとめますと以下の過程となります。
1、エスクローが作成した権利移転契約書（DEED）に売り手と買い手が、署名をする。
2、その権利移転契約書をもとに、エスクローが、ホノルルの不動産登記所

で、登記をして、コンピューター処理します。
3、エスクローは、登記所の正式なスタンプの押された権利移転契約書を売り手と買い手に送ります。

登記の名義

名義は登記の際の所有者の明記のことですが、いくつかの所有形式がありますので、適当なものをご選択の上、売買手続きの初期の段階で不動産エージェントにお知らせください。

通常、夫婦の場合は、以下の2のENTIRETY（エンタイアティー）2人で100％所有する形式ですが、持分を明記する場合は以下の3を選択します。亡くなった所有者の持分が自動的に他の所有者へ移行するのは、2と4です。法人名での登記の場合は1を選択します。

1、SEVERALTY（セベラルティー）1人で所有する形態
2、ENTIRETY（エンタイアティー）夫婦の場合の所有形態です。
3、TENANCY IN COMMON（テナンシーインコモン）複数の人が所有する形態です。持分を明記します。
4、JOINT.TENANCY（ジョイントテナンシー）数人で所有する形態で、持分を明記しません。

所有形態についての注意点

昨今では、日本の国税当局の目が厳しくなってきています。夫婦の不動産所有では、ハワイの普通の所有形態であっても、夫から妻への贈与とみなして日本で課税するという事例がでてきています。その場合は、共同名義から夫だけの名義に変更することによって、課税を避けられる場合があります。これは、エスクローに、手続きを依頼します。通常は、登記費用などの実費のみです

が、エスクローによってバラつきがありますので、事前に確認してから依頼しましょう。また、これは、売買における手続きと同じような書類や手続きを含みますが、売買ではありませんので、不動産会社の仲介料は発生しませんが、僅かな手数料が発生する場合があります。

会社名義についての注意点

　不動産所有を会社名義にする必要性は特にありません。会社名義の不動産でも利益があれば、日本でも申告をしなくてはなりません。また、経費が落とせるというのは、そのとおりですが、個人名義であっても経費は同じように落とせます。また、会社設立の場合は、会社設立費用がかかりますし、株式会社と個人の両方の確定申告をしなくてはなりません。なお、株式会社ではなく、別の会社形態には有利な申告がありますので、税金申告の詳細は会計士におたずねください。

　会社設立は弁護士事務所に手続きを依頼するのが通常です。もし、弁護士に依頼せずに仲介業者や個人に依頼し、会社の名義で不動産を購入した場合は、本人が会社の株を100％所有していることを確認することが最も大切です。当然ですが、会社の株100％が自分名義でなくては、不動産を100％所有していることにはならないからです。

　連絡先として、ハワイ在住の１人の名前が必要ですが、ハワイ在住の知り合いがいない場合は、その不動産売買を行った不動産エージェントにたのんでもいいでしょう。しかし、あくまでも事務手続き上の必要性ですので、会社の株を数株でも渡す必要はありません。それらの人が会社の株を所有すれば、不動産の権利も所有することになってしまいます。そして、不動産の所有形態によっては、本来の所有者に何かあれば、それらの人に不動産が渡ってしまうことになりかねません。

　会社設立は、大きくビジネスを展開する人には必要なことです。設立のはじめから、アメリカ人と同じように弁護士事務所に行って依頼することをおすすめします。ちなみに当社では、お客様が選んだ弁護士事務所に、通訳として私

が赴いて会社設立を手伝います。ご自分で通訳を選んで弁護士事務所を訪れてもいいでしょう。また、ハワイには、日本語を話す弁護士もいます。大切なことは自分の目で会社や不動産の所有権利を確認することです。

共同オーナー

　日本と同様にハワイの場合も所有の持分を明記して登記をすることが可能です［TENANCY IN COMMON（テナンシーインコモン）］。全員でひとつの不動産を所有するという持分の明記しない所有形態［JOINT.TENANCY（ジョイントテナンシー）］も可能です。名義人数の制限はなく、所有者の間柄は問われません。
　日本では、土地は先祖代々から受け継いだ財産であったり、マイホームは、一生に一度という思いがありますので、不動産を複数の人と共有するという考え方はないかもしれません。
　たとえば、兄弟の2家族でコンドミニアムを所有して、入れ替わり立ち代りに滞在すれば、タイムシェアーよりも価値がある使い方ができるでしょう。好きなときに滞在でき、資金的負担は軽くなります。多くの人と楽しみを分かち合い、アイデアを持ち寄れば、有効な使い方ができるでしょう。
　バブル期には、日本の会社が、競ってハワイの不動産投資をしていたことがありましたが、大会社だけではなく、数人が集まって会社を設立して不動産投資をするのは、アメリカでは一般的です。対象物件は、小さなものから大きなものまで様々です。賃貸をする投資物件の共同名義は、銀行口座を共同名義で開いて賃料収入を半分ずつ受け取ったり、友人と不動産投資会社を作って、いくつかの不動産を購入して、株を持ち合ったりといろいろな方法があります。このような背景には、ハワイには安全な不動産売買システムが確立しているということと、不動産投資をしやすい価値観や環境があるということ、そして、不動産投資が、一般的なビジネスとして認識されているからです。
　いずれも不動産会社へその旨を伝えて、売買を依頼しましょう。共同で会社設立の場合は会社設立の費用が発生しますが、共同名義では手数料その他の費

用は通常の不動産売買と変わりありません。手続きもほぼ同じです。

　── 過去に検証した事例 ──
　ハワイに不動産を買いたいが、資金がいまひとつ足りないという人々のために、そのような人達が集まってひとつの物件を購入するという共同オーナーをかれこれ10年以上前に当社で検討して実行に移したことがあります。
　投資の不動産、賃貸100％の運用では成功しています。家賃や経費を所有者の頭数で等分すればいいだけだからです。
　しかし、ハワイ別荘の場合で、購入後のリフォームに関して、家族の間でも大きく考え方が異なり、誰かの強い意見に従うという収拾が主流だと認めましたので、これでは、ハワイ別荘の共同オーナーを知らない人同士で行うのは難しいと悟りました。ただ、異なる意見をひとつにまとめることは、不動産会社が音頭を取って行えばいいことですが、見知らぬ者同士という点では、平等な権利の実行が難しく、当社では結論は出ませんでした。
　平等な権利とは、滞在時期の設定においてのことです。はじめは、いつの時期の滞在であってもハワイに別荘を持つだけで幸せという人が多いと思いますが、回を重ねるごとに夏と冬に滞在を希望するようになると思います。それはロングステイの方々を拝見していますと理解できます。ロングステイの初心者は、いつの時期でもハワイを満喫されますが、リピーターの多くは、日本の寒さや暑さを避けることの重要さを感じられて、夏と冬のハイシーズンの滞在へと希望を変えていきます。よって、共同オーナーで、不動産を所有すれば、ハイシーズンに皆が滞在したいと考えるようになるのは時間の問題だと思います。実際には、冬のハイシーズンの賃貸希望者は当社の全問い合わせの半分以上です。しかし、ハワイ別荘の多くは、物件所有者が冬のハイシーズンに滞在しますので、残りの僅かな空きに希望者が殺到することになり、多くの問い合わせはお断りすることになります。
　また、滞在希望の多い時期は、特別大きな価値があるということです。共同オーナーの滞在期間を設定するときにハイシーズンの価値を考慮せずに、一年の均等割りにすることは、不平等になりますし、シーズン賃料という流動的な数字をもとにハイシーズンの滞在期間を割り当てても、それが本当の価値であ

るのか疑問が残ります。

　せっかく不動産を所有しているにもかかわらず、数年ごとにしか、ハイシーズンには滞在できない、そして、一年の指定された期間に滞在スケジュールをあわせるのもひと苦労でしょう。好きなときにふっと思い立ってハワイに滞在したい、たまたま孫が生まれて、家族が集まってお祝いしたいので、急なことだが、別のオーナーに滞在期間を代わってもらえないか、などという希望はなかなか叶いません。一部の人に不満が残るようですと、思い出深いはずのハワイ別荘を心ゆくまで楽しむことができないかもしれません。ハワイ別荘は使いたいときに使う、そして、自分の好みにリフォームでき、好きなときに売却できるのが理想です。

　よって、ハワイ滞在計画を話しながら、人間関係を向上させていけるようなご家族や、仲のいいご親戚などの意思統一がしやすい関係で行う共同オーナーを提案したいと思います。

　そして、資金が今ひとつ足りないと思われる人は、ご予算内で投資物件をご購入になり、賃貸に出しながら資金をため、または、賃貸の空きのときに御滞在になり、次のステップとして、理想的なハワイの別荘を手に入れるというのも、ひとつの方法だと思います。

第1章 購入、売却のタイミング、買い替え

為替と購入のタイミング

　時期を見はからって、国際送金を行いますが、日本の国税当局が調査する場合があります。たとえば、ハワイへ送金した場合は、送金目的を、

　１、不動産の購入
　２、海外での生活費
　３、その他（送金目的を明記）

などに印をつけて提出するといった書類です。銀行でも送金目的を記載する場合がありますので、問題とならないように正しい記載を心がけてください。

　ただ、為替の最も有利な時期を見極めるのは至難の業で、最近の為替動向から納得する数字を覚えておき、それを目安として対応するのがいいでしょう。円高のピークを待っていれば、それはやってくるかもしれませんが、その時期に希望価格の素晴らしい売り物件があるという保証はありません。為替の数円の違いを待っていたために買いそびれるということにならないように、為替のタイミングよりも理想の物件に出会うタイミングのほうが重要であるという認識をもって、ご決断ください。

為替と売却のタイミング

　では、売却時について考えてみましょう。売却においては、為替について考慮することは不要だという根拠は実にシンプルです。日本の投資家にとって、為替市場と不動産市場には、以下の４つの状況があります。自分が購入したときの為替レートより、

（1）円安で為替の状況もいい、物件価格も高く売り時である。
（2）円高で為替の状況はよくないが、物件価格が高く売り時である。
（3）円安で為替の状況はいいが、物件価格が低く売り時ではない。
（4）円高で為替の状況もよくないが、物件価格が低く売り時でもない。
　最も有利な時期は（1）です。

　では、際立って円安の時期が来たとしましょう。売買市場には、どのような展開があるでしょうか。円安になったので今がドル資金を回収して円に替える時期であると判断した日本人投資家の多くが、不動産を売りに出すかもしれません。日本人にとってハワイ不動産は、「円高のときには、買い時」、反対に「円安のときは、売り時」ということが言い古されているからです。

　個々のコンドミニアムによって、売買状況は異なりますが、円安の売り時と言われるときには、特に日本人が多く所有し、日本人の売り物件が多いコンドミニアムでは、売り物件がさらに多くなり、一時的に売れにくい状況を作るかもしれません。そして、売れにくい状況が続いて、値下げされた物件から売れていくような状況を目にしたら、価格設定を見直さなくてはならない時期が来て……、つまり、不動産価格下落の兆しが見えてきたら、それは（3）の時期が近づいてきた、ということです。そして、急激な円安もずっと続くという保証はありません。いつの間にか最も不利な（4）の時期が訪れるという結果になるかもしれません。

　では、どうすればいいかと申しますと、日本人投資家は、まず、所有しているコンドミニアムで売り物件の少ない時期、売却しやすい高値の時期だけを見極めて売却し、最低限（2）の状況を確保し、ドルで資金をハワイの銀行口座に持ち、日本円へ替える時期を見極めて（1）の条件も確保しようとするのがベストだと思います。

不動産売却

　物件は、不動産会社（不動産エージェント）の1社を選び、売却を依頼し、市場に売りに出します。売りに出してからは、その売り物件への問い合わせ件

数や、見学希望の頻度で、売却の可能性の判断を売り手に伝えます。もし、売りにくいと判断される場合は、同程度の物件価格と再度比較して価格設定を見直したり、効果的な改装を検討するなど、売りに出したあとでも、早期に、そして高値での売却について策を練ることができます。

ここで、注意すべきは、もし、不動産会社がご自分の予想よりもはるかに低い価格や不審な設定をした場合は、MLSリストで適正価格を確認するのが賢明です。と言いますよりも売却のときには、必ず、MLSリストを確認すべきです。その例を以下にお話しましょう。

―― 過去に起きた事例 ――

当社では、毎日市場を観察する担当がいますが、売りに出された初日の格安物件に買い注文を入れようとして売り手に電話をしたところ、
「既に売買契約された。」
という経験があります。1ヶ月ほどが過ぎて、その物件が不動産登記され、所有者が変わってからのMLSに、売り手担当の不動産会社（不動産エージェント）も買い手担当の不動産会社（不動産エージェント）も同じであったという記載を目にしますと、それは、売り手の不動産会社（不動産エージェント）は、その会社（不動産エージェント）の顧客だけに情報を流して、その顧客に買わせたということが言えるかもしれません。また、売却された価格は、売り出した格安価格のままであったり、格安価格よりもさらに低い価格であったりします。もし、売り手が他の買い注文も待って売買契約していたなら、売り値よりも高い価格で売却できたかもしれません。

適正価格であるなら、低い価格での買い注文を出しますが、複数の買い注文が入りそうな格安物件には、買い手は他の買い手との競争を意識して買い注文を入れます。同額価格（満額、フルプライスオファー）は、よくあることですので、それよりも高い価格で買い注文を入れようと考える人がいるはずです。

一方、格安物件の売り手も物件価値にふさわしい価格で、そして、その中でも最も高い買い注文を選びたいと思っているはずです。全ての買い注文がそろうまで待つべきですが、格安で売りに出していると意識していないのかもしれません。と申しますのは、上記の確認したMLSでは、売りに出して1日や数

日で売買契約されているからです。

　たとえば30万ドルという価格で売りに出し、
「満額の30万ドルという価格の買い手が現れました。満額の買い注文ならご満足でしょう。さあ、売買契約を結びましょう。」
と不動産エージェントに言われて、自分の売り物件が格安だと知らなければ、その日のうちに、売買契約を結ぶ気になってしまうでしょう。また、
「返答期限が過ぎる前に、今すぐにOKを出しましょう。」
と言われて、急がされても格安物件の場合は気にすることはありません。

　買い注文には、その買い注文を受けるか受けないかの返答の猶予期限があり、それは、何日の何時というものがあれば、数日以内にという期限もありますが、回答が遅れてもOKの回答なら、買い手は喜ぶことはあっても、不満であるという状況は滅多に考えられません。買い手は買い注文を出すからには、その物件を購入したいのです。格安ならなおさらです。また、返答期限が過ぎる前に、売り手の不動産エージェントは、
「全ての買い注文が出揃うまで売り手は待ちたいと言っている、もうしばらく返答を待って欲しい。」
と、買い手達と十分にコミュニケーションを取るようにすれば、返答期限は大した意味はありませんので、格安や割安で売りに出したら、全ての買い注文が出揃うまで待つべきだと思います。たった数日の違いで、大きく売却益が異なる可能性があるのですから、「1日でも早く」という、早期売却希望以外は、せめて1週間は、待ってみることをおすすめします。

　しかし、そもそも、余程の事情がない限り、格安で売りに出す必要は無く、適正価格で売りに出すべきなのです。適正価格を知るためには、売り手自身がMLSリストを確認することが必要です。ちなみに格安ではなく、適正価格で売りに出した場合は、買い手は、買い注文を出してからも、他の売り物件と比較して検討しているという場合がありますので、買い注文に対する返答期限は守ったほうがいいでしょう。そして、もし、最初に受け取った買い注文を選択しても、適正価格やそれ以上の価格で売却できれば、後悔はないと思います。

　なお、適正価格は市場から割り出します。最近の売却価格や売れ行き、現在

の売り物件の数などから判断します。豪華にリニューアルされた物件や、ながめが素晴らしいなど、秀でた価値があるという理由によって、高めの価格設定も適正価格です。また、コンドミニアムの売却では、そのビルに売り物件が少ないときには価格設定を高めにしてみることができます。反対に市場が低迷しているときや売り急ぐ場合は、低めの価格設定をしますが、不動産エージェントと十分に納得するまで話し合いましょう。

コンドミニアムの価格設定はＭＬＳのリストを比べれば一般の人でも把握できます。一戸建ての場合は、土地の広さやリフォームの有無、築年度、スイミングプールなどの設備の有無、豪華さ、ながめなどの条件を近隣や同地区の他の物件と比べます。そして、購入した時の金額を思い出して、ご自分の納得のいく価格設定で市場に出してみることをおすすめします。

買い注文（オファー）が来るのは待ち遠しいものですが、複数の買い注文が同時に来たときには高値の買い注文を選択するのが通常です。もし、買い手にローンを組むという条件があり、そのローンが組めないときには売買はキャンセルになりますので、同額の買い注文が複数来た場合は、ローンを組まない現金での購入（キャッシュオファー）を選ぶのが通常です。また、ローンで購入する人の買い手を選択した場合は、ローンの審査に時間がかかる傾向にありますので、売買契約から登記までの日数が長くなります。買い手のローンがおりずに売買がキャンセルされた場合は、再び物件を市場に出して、別の買い手を待ちます。

ハワイ不動産の売却は、基本的には１社にしか依頼できません。この１社が売買市場にあなたの売り物件情報を流して公開します。インターネット上のＭＬＳリスト（参照「ＭＬＳリストについて」P.44）に載せるのです。そして、その情報を得た不動産エージェントが購入検討者へ紹介してくれるのです。

たとえて言いますと、日本の不動産売却では、不動産会社100社に知らしめるためには、不動産会社100社に依頼しなければなりませんが、ハワイでは100社に知らしめようとすれば、１社に依頼することで足りるのです。

では、ハワイの不動産売却を複数社に依頼したとしましょう。その場合は複数社と専任売買の契約を結ぶことになります。専任ですので原則的に複数社とは契約はできないのですが、それを知らずに複数社と専任契約を結んでしま

い、そのうちの1社から売却できたとしましょう。その場合は、専任契約を結んだ全ての不動産会社へ仲介手数料を支払わなければなりません。

不動産会社への仲介手数料

　不動産会社への手数料は購入するときには不要でしたが、売却の場合は、売り手側の不動産会社へ売り値の通常6％の仲介手数料を支払います。そして、売り手の不動産会社が、買い手の不動産会社へ、3％を支払います。

売却の税金と費用

　購入したときよりも不動産価格が上昇し、売却して利益が出た場合の売却益には税金がかかります。ハワイ非居住者（ハワイに住んでいない日本在住者）は、物件を売却した時点で売却価格の5％の州税、10％の連邦税の合計15％の預かり税が発生します。預かり税とは、一律に税金を徴収され、非居住者が税金を納めないまま自国へ戻ってしまうことを防ぐために売却金額の一部を預けてもらう措置です。
　通知された決定税額が、預かり税の15％よりも高ければ、売却の翌年の確定申告によって、さらに徴収されますし、15％よりも低ければ、差額が返却されます。
　売却益が発生しない場合は預かり税の15％全額が返却されますが、売却益がでない場合に限り、前もって書面にて申請し、預かり税を免除される方法があります。
　ハワイに会社を設立して、その会社で売却したときには、ハワイ居住者が売却した場合と同様の扱いとなって、預かり税は発生しませんが、やはり翌年の確定申告のときに税額を調整されます。売却の際の税率は、その物件を所有していた年数によっても規定されていますが、詳細は会計士におたずねいただくことになります。

売り時、買い時（鳳）

　売買を繰り返してキャピタルゲインを得るためには、安いときに買い、高いときに売るのが基本だと思っています。しかし、全ての投資家がこれを実行すると、高いときに買ってくれる人はいないのではないかと考えてしまいますが、それがたくさんいるのです。株と同じく、この先もさらに相場が上がるだろうと考える利ざや稼ぎの購入があると思いますし、多勢を占めるのは、買い替え特例を使う人達だと思っています。アメリカには1031条という税法上の買い替え特例があります。賃貸物件にも適用されて、売却益にかかる税金を先延ばしできるというものだそうです。

　がしかし、1031条項を使い、高値の時期に売却したい場合は、次の物件も高値のときに買わなくてはなりません。反対に安くなるまで待っていたら、自分の物件も安くなって、利益がふいになってしまいます。売却益がなくなれば税金を払わなくてもいいのですが、

「利益がなくなっても税金を払わないほうがいい。」

という考え方があるとすれば、それは税金アレルギーなだけで、不動産投資ではありません。税金が多額なのは儲けも多額であることの証ですので、私の場合は、大変有難いことだと感謝しながら税金を支払います。

　そして、私は自分の住むところさえ高値のときに売却しましたが、自宅を売却する人は私の知り合いには一人もいませんでした。自宅は相場とは関係ないという固定観念があるのでしょうか。小さい収支にこだわっても、大きな資金を手に入れるチャンスには目をつぶるのだと不思議に思いました。また、人と同じことをしていてはビジネスも財産も抜きん出ることはないというのが私の投資哲学でしたので、自宅を売却することに何のためらいもありませんでした。自宅を高値で売却し、適当な場所を賃貸で借りて２年ほど過ぎ、安くなった不動産を購入して自宅としました。もちろん賃貸費用よりもキャピタルゲインが大きかったことは言うまでもありません。

　ただ、予想外なことがいくつかありました。売却してほっとする間もなく、不動産バブルが終焉しました。本当にあっと言う間でしたので、売りそびれた

物件がでてしまいました。不動産バブルは数年続いたかのように聞いていますが、自分にはごく短期間だったような気がしてなりません。また、自宅を所有しない期間の賃貸料、1ヶ月＄2000の家賃であったとして2年で、5万ドルです。不動産バブルは相当な上昇だったので、この5万ドルの出費など、大したことはないと思いましたが、バブル崩壊後に、買いたかった不動産が思ったほど下落しなかったことにはあせりました。救いだったのは、バブル崩壊後の大不況の嵐に現れた、抵当流れ寸前や超格安物件を手に入れたことで、キャピタルゲインを大きく確保することに成功したのです。ただ、長い間、狙っていたコンドミニアム、自分にとって最高の格安物件には、多くの購入希望者がいて、一筋縄ではいかなかった、ということを付け加えておきたいと思います。
（鳳）

1031条項買い替え特例について

　ハワイの1031条項の買い替え特例は、投資物件のみに適用され、あいにく、自宅には適用されません。賃貸やビジネスでの投資物件の買い替えなどが対象になり、日本にお住まいの投資家の方々にも、この買い替え特例をご利用になれます。
　売買の手続きは、買い替え特例を扱う専門のエスクローに任せます。売買手続きが、複雑になりますので、エスクローの手数料は通常よりも高めです。そして、買い替え期間の定めの他にも詳細な条件があり、非居住者の場合、売却の際の10％の連邦税と州税5％の合計15％の預かり税の発生がからむので、さらに複雑になりますので、不動産エージェントから情報を得てください。また、税金関係の詳細は会計士へおたずねください。
　高値、安値混在の時期の投資物件の買い替えや、待ちに待った物件が売りに出ていたなど、それぞれの事情によって、1031条項の買い替え特例を利用することが有利であるという場合が多くあります。売却した物件よりも高額の物件への乗り換えが対象で、買い替えを続けていく限り、売却にかかる税金支払いを先送りでき、物件と時期を選んでいけば資産を増やしていくことができま

す。大きな物件への乗換えだけでなく、小さな物件数軒の購入であっても売却価格より高額であれば可能です。

なお、1031条項は、日本でよく知られている等価交換システム、開発業者と共同で土地を有効活用することとは、関係ありません。アメリカの1031条項は、日本で言うところの「買い替え特例」というものにあたるでしょう。日本と同様に買い替えの際の税金面での優遇に適用されますが、最優先で理解すべきことは、自宅の不動産売買には適用されないということです。

買い替えと投資

売り買いを頻繁にする不動産投資家だけが、資産を増やしているのではなく、売却せずに、数十年間持ち続けた投資家も資産を増やしています。それは、不動産価格が下がったとしても、過去の底値に戻ることは無く、おおむね波を描いて、インフレ、物価上昇と連動して不動産価格も上がってくるからです。従って、長く持ち続けるだけで、不動産の資産価値は高くなってきています。

短期間で売買を繰り返してキャピタルゲインを追うのか、1031条項の買い換えで資産を増やしていく方法、そして、数十年先を見越した期間で資産を増やしていく投資もあります。そして、大きなリスクがあっても、大きな物件ひとつを所有して、多額のキャピタルゲインを目指す、または、リスクが少なく、利回りのいい物件を多く所有してキャピタルゲインは追わないなど、投資の仕方もいろいろあるでしょう。ご自分に合った投資をご選択ください。

Q
物件を売却したい場合は、購入を依頼した不動産会社が買い取ってくれるのでしょうか。その場合、売り価格はどのように決まるのですか？
A
買い取りとは買い手側が誰であるのか限定されるので、売買価格も低く制限

される可能性があります。そのような場合は、信頼できるという不動産エージェントを選択して、正規の手順で、そして、適正価格で売りにだしたほうがいいでしょう。ですが、適正な市場価格の買い取りであれば、問題ありません。

第1章 過去10年の売買のタイミング

不動産市場の波

　不動産価格は、需要と供給の影響で価格が上下します。市場に多くの売り物件があるときは、価格が下がり、価格が下がれば買い手の購入の動きが活発となりますが、価格が下がり過ぎれば、売り手にとって利益が見込めない売却は中止されるという、売り手控えが起こります。こうして売り物件数は減少していきます。売り物件が少なくなれば、高値でも購入する人がでてきて、価格は上昇します。価格が上昇すれば、今が売り時とばかりに売りに出される物件が多くなります。このように売買市場自らが売り物件の多少を調整して価格も上下を繰り返します。

　また、需要と供給は、シーズンでも左右されます。夏と冬のハイシーズンにハワイ別荘を必要とする多くの人々がハワイに訪れるので、売買が活発に行われます。いっときの静観する停滞期間を経て、ハイシーズンには一気に活況を呈するという状況を繰り返すこともあります。よって、このハイシーズンを軸に市場が動き、多くの物件が買われ、ハイシーズンの終盤には、売り物件は少なくなる傾向にあります。

　売買市場全体だけでなく、個々のコンドミニアムでも需要と供給の調整が起こります。あるコンドミニアムでは、売り物件が多く、しかも割安で活発に売買されている、一方他のコンドミニアムでは、売り物件は少なく、価格も割高で動きがあまりない、ということが、ありますので、売りに出すときには、そのときのコンドミニアムの状況を不動産エージェントにたずねたり、ＭＬＳの売り物件情報を見て判断してください。

過去10年の動きと売買のタイミング

　大きなうねりの価格推移は、外界からの影響を受けて、7〜8年から10数年のというスパンで変化し、需要と供給やシーズンの短期の波と相まって、不動産バブルで高騰する時期や低迷時期が訪れます。その多くは、アメリカ本土の不動産市況の動きに少し遅れてハワイの相場も上下します。これまでの大きな波のうねりの底、2000年頃は、アジアの不況の風を受けて、ハワイの観光業が低迷したときには、ハワイ不動産市場も落ち込みました。そして、徐々に観光業が快復し、不動産市場が上昇気流に乗って、2005年にかけては、不動産市場は活況となりました。

　オーシャンフロントのイリカイやイリカイマリーナなどのコンドミニアムでは、前年の2004年に30万ドルであったものが、2005年には2倍の60万ドルの値をつけるのを皮切りに、ハワイ不動産全体の価格が高騰しました。新築物件のオーシャンフロントのホクアは、新規購入価格1ミリオンが完成後の売買では、数ミリオンでの再販の売買契約が相次ぎました。しかし、ハリケーン、カトリーヌ襲来とともに市場への投資意欲が失速し、売買市場全体がスローダウンしました。その後はご存知のとおりサブプライムローンの問題が一挙に表面化し、不動産市場のみならずアメリカ経済全体に暗い影を落として追い討ちをかけた格好となりました。

　しかし、2008年、アメリカ本土のある州では、20軒に1軒の割合でローンの返済不能に陥っているというときであってもワイキキ及び、その周辺の抵当流れ物件はほとんどなく、多くはショートセールの売り物件となっており、数割の価格の下げに留まりました。

　その後景気低迷が続き、不動産市場には活気が見られませんでしたが、その原因は、不況にもかかわらず、価格設定の高い物件が多いことが原因だったと思います。そして、いくら待ってもこれ以上は下がらないのではないか、という判断が市場を覆い、2012年後半になって、やっと不動産価格の上昇の兆しを見ました。そして、2013年はさらなる市場の安定と活況が期待されるところです。

　不動産市場は、経済に大きく左右されます。経済が、低迷しているときに

は、価格上昇は一時的である場合や、一部の売れ筋の物件のみが、飛ぶように売れるという場合などに留まることがあります。反対に好景気を背景に不動産価格が上昇すれば、世間に蓄えられた潤沢な資金が一気に不動産市場に流入しますので、不動産高騰を招きます。

一方、低迷の時期には、投資家は、もっと下がるだろうと判断して買い手控えが起こり、売り物件は増える傾向にあります。市場の低迷の程度と売り物件の多さによって、さらに価格が下がるということになりますが、限りなく相場が下がるということはありませんでした。それは、賃料が見込める売り物件から売れたり、住居として必要な人に購入されていくだけでなく、ハワイという土地柄に価値を見出した人々が購入していくからです。需要があるリゾート地の物件は、底堅いと言えるでしょう。

市場の状況は、不動産エージェントが把握しています。ＭＬＳの売り物件情報を確認することと、適正価格で売りに出した場合に、問い合わせが多いか少ないかで市場に買い意欲があるかどうかも判断できます。また、売り物件が市場にでて売買契約されるまでの日数が短くなる傾向であれば、不動産は活発になる。または、活況に拍車がかかるという状況なのです。問い合わせの電話も殺到し、買い注文が１日何通もあるということになりますとこれは活況の真っ只中、あるいは、市場に出した売り物件が売れ筋であった。または、適当な売り物件が非常に少ない時期であるとの判断ができます。

そして、経済状況や世界情勢の変化によっても影響されますし、金利や失業率などの数字も参考になります。具体的な住宅政策がでれば、それらも判断材料になります。そのときの市場を支配する空気の明暗でも価格の動向は変化します。

以上のような論理を把握して、これらの上下の波にうまく乗れるかどうかが、購入、売却のポイントです。売却時期のタイミングが良ければ、売り手の言い値で売れ、しかも、そのコンドミニアムのビルでは過去10年では最も高い売買契約価格であったということがありました。よって、購入、売却の時期は、その市場の反応を熟知しており、不動産市場を分析できる不動産エージェントにおたずねになれば、理論的な説明とともに参考になる情報を得られるでしょう。

第1章 不動産会社と管理

物件価値を維持するための管理

　保険の手配をして鍵を預かり、支払い代行をして計算書を送れば、形式的には管理と言えますが、不動産会社の主たる管理の役割は、物件のもつ最高のコンディションを引き出して維持することだと思います。ハワイ別荘を賃貸に出す場合は、賃貸終了後の原状復帰が必要です。原状復帰とは、賃貸前の最高のコンディションに戻す作業です。そのようにすれば、ハワイ別荘として快適に滞在できます。

　最高のコンディションの賃貸物件は内装の良さにふさわしい賃料を維持し、リフォーム費用を不要にしたり、売却したいときに、リフォームをせずに直ちに売りに出せます。たくさんの賃貸希望の人に見てもらっても原状復帰が不十分であるなら、なかなか入居者が決まらず、宣伝費用が無駄になります。反対に最高のコンディションであれば、他の賃貸物件の入居者がクチコミで宣伝してくれるので、宣伝費用もかかりません。ハワイの住人にとって、どこを誰から借りて、どんな部屋であるのかという話題は尽きないからです。

　ハワイ不動産を購入して賃貸に出している場合で、内装が古くないにもかかわらず格安の家賃で貸し出されているとしたら、それは、原状復帰が不十分、または、清潔さが欠けていたり、きれいに見える工夫がされていないということが原因かもしれません。ハワイにいらして、ご所有の物件をご覧になることをおすすめします。お部屋の最高のコンディションを確認してはじめて、何も引かれていない計算書の価値を実感できるのです。

　物件を最高のコンディションに引き上げて維持しても、まだ理想的な管理には届きません。管理は、不動産売買とは対照的に、森を見ることよりも木とその枝葉まで見ることです。足を運んで物件をよく見て、破損しやすい状況を把

握し、将来の起こりえるダメージの予防措置を施すという作業も大切です。
　部屋でご入居者が怪我をしないように、部屋がきれいに保てるように、水漏れなどが起きないように、害虫が出ないようにする害虫対策など、多くの予防措置が行われます。これにより、長く住み続けてもらえる賃貸物件となります。通常は購入をたのんだ不動産エージェントや不動産会社が物件の管理をしてくれますので、

「最高のコンディションにして保つにはどんな工夫をしているのか」
「将来の起こりえるダメージを予防するには何をしているのか」

　積極的に不動産エージェントに質問して、管理者としての資質を判断しましょう。売買には力を入れて説明するが、管理については話がそれる、口数が少ない、各不動産会社のウエブサイトに管理の説明が無いので比べようがないというお客様からのご指摘には、それなりに理由があると思います。不動産売買のライセンス取得時のテキストには、物件所有者や入居者へ「ベストサービスを提供するのが管理である」という抽象的な表現に留まっており、管理の実務には触れていないので、具体的な業務は把握されていないと思います。また、管理は、不動産会社の意欲と技量が反映し、経験に基づく確かな知識がなければ説明も公表もできないと思います。
　あなたの資産を増やしたり、大切に維持できるか否かは、管理にかかっているのですから、物件購入の際には、不動産エージェントやその不動産会社の管理能力を確認することを忘れないでください。

管理担当者について

　管理担当者についてお話します。不動産の所有者がハワイ在住でなければ、管理者を選定しなくてはなりません。何かあった場合に物件へ駆けつけてくれる人物です。そして、一戸建てがある地域の所有者組合やコンドミニアムの管理組合に管理者の名前を報告します。

管理担当者について考えていただきたいことは、愛情を持って管理してくれる人がいいということです。所有者は自分の不動産にはとりわけ深い愛着がわきますが、管理者にも同じように愛情を持ってもらいたいと思いませんか。あなたのことをよく知っているご親戚や信頼できる友人などのほか、購入を手伝った不動産エージェントはあなたに感謝しているはずですから、愛情を持って管理してくれる確率は高いでしょう。特に不動産エージェントは、不動産のスペシャリストですので、最高のコンディションを維持する管理もお願いできるでしょう。

　私の長年の管理経験から、管理の優秀な不動産エージェントというのは、簡単な修理を自身でこなせる人でもあります。多忙だからこそ、故障個所と不具合程度を理解して、その場で修理するのです。この場合は管理業務で修理するので費用を抑えられますが、それだけの利点に留まりません。自分で修理しようと試みれば、多くを把握するので、業者の適切な修理を判断できますし、どのようにすれば故障せずに維持できるかを理解して管理に生かそうとします。積極的に研究してこそ、管理の知識が豊富になれるのです。一方、修理をしようとしなければ、何の知識も増えず、ただ、

「修理は、いつも優秀な業者を使っていますから大丈夫。」
「私には、優秀な管理担当者がついているので大丈夫。」

　と発言する人任せの管理になるかもしれません。管理担当者やアシスタントが不動産エージェントの下で働いていたとしても、不動産エージェントに管理の知識や経験がなければ、適切な指示を出すことはできません。

　当社のバスタブの修理を顕著な例にあげることができます。ワイキキの多くのコンドミニアムのバスタブはホーロー素材が多く、排水個所にサビがでます。常時水がかかる個所には、サビ止めスプレーの効果はほとんどありません。サビが進行した場合は穴が開いて水漏れを起こすことがあります。

　ごく一部のサビを隠すために、バスタブ全体のスプレーコーティング処置をした物件を多くみかけます。サビの部分だけのスプレーでは、剥げてくるので、バスタブ全体にスプレーされます。これは、業者へ依頼して＄400以上の費用がかかり、早ければ1年ほどで一部のコーティングが剥がれてきます。次第に剥がれは広がり、不潔感が漂います。見た目を美しくするには再度のスプ

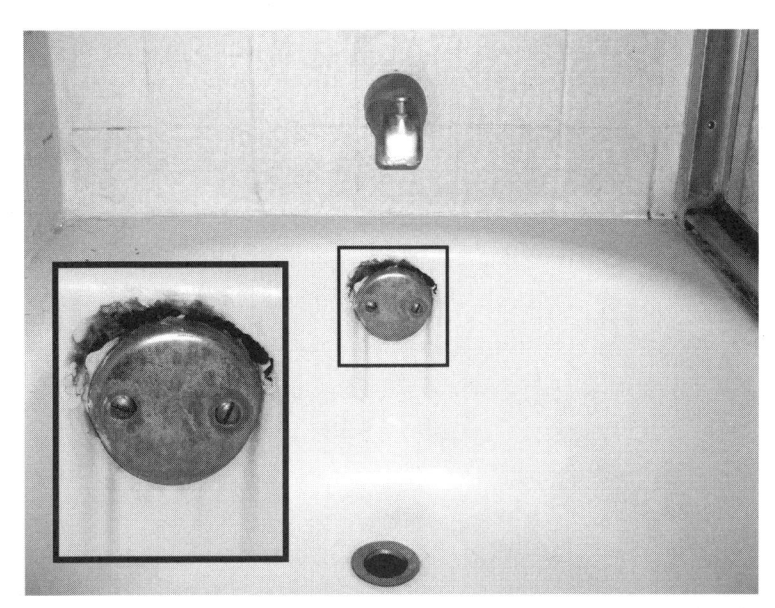

錆びたバスタブ

ファイバーグラスで修復されたバスタブ

レーコーティングが必要になりますが、また、剥がれてくるのですから一時的な処置の域です。完璧な修繕としては、硬質のプラスティック素材のバスタブをかぶせるという方法がありますが、数千ドルかかります。

　当社では、これらのバスタブのサビの修繕をファイバーグラスを使い、見た目は硬質の白いプラスティック状で、自然な仕上がりとする方法をとっています。薄い塗りでも、剥がれる事は決してありません。とても丈夫です。（写真参考　P.93）最近では、同様にファイバーグラス素材を使ったバスタブやジャグジーなどがでてきました。製造業者もファイバーグラスの丈夫さを知って選択しているのですから、当社の修繕方法は、適切であると評価できます。

　しかも、これらの修繕は、材料費のみで行います。管理業務の一環ですので材料費だけなのです。このように人任せにせず、不動産エージェント自らが、修理しようとしたからこそ、効果的な方法を思いついたのです。業者や管理担当に任せていれば、全ての管理物件に定期的なスプレーコーティングの費用がかかったことでしょう。

　不動産の管理の得手不得手には性別は関係ありません。当社には、修理を得意とする不動産エージェントの女性がいますし、カーペットのシミ抜きを自分で行う男性の不動産エージェントもいます。彼らは、修理に来た業者と懇意にしたり、ホームセンターに立ち寄って情報収集します。ハワイのホームセンターは、材料を見るだけでも多くの知識を得られます。組み立て家具も置いてありますし、キッチンのカウンタートップの素材やキッチンの棚のドアなど、多くの内装材料が揃っていますので、アメリカのパーツや原材料の価格を知るのも面白いかもしれません。一日いても飽きないという当社の管理担当もいますので、日曜大工が好きな人は、足を運んでみてください。

　不動産エージェントが素晴らしい人だと言えるのは、管理においても優れた人であると言えなくてはならないと思います。

物件管理担当からふたこと（物件管理担当者　高井）

　管理を含めてハワイの生活は、毎日いろいろな事が起こるので、当社のホー

ムページにブログを書くスペースをほしいというようなことを社長に伝えたことがありますが、

「ブログを書くよりも管理を知るために時間を費やすほうが物件所有者のためになる。」

という回答が即座に返ってきました。不動産会社に働く全ての人は管理に重点を置くべきとの会社の方針をこの一言で理解した次第です。

以下に一般的な管理についてお話します。

ハワイ別荘の管理も賃貸物件の管理も基本は変わりません。いい効果が得られた場合には全室全戸の管理に反映されます。物件に行ったら、水道の蛇口を閉めてその場を去るのではなく、蛇口の締まりはどうか、そのあとに音はしないか、水道管やその周辺には漏れた形跡はないか、五感と時間を使って、調べてくるようにと教わりました。作業が終わる頃には、部屋の風通しも十分にされ、すがすがしさを感じることができるほど管理は充実した仕事です。

私は女性ですが、お部屋をきれいに見せる得意そうな分野だけをするということではなく、簡単な修理もします。たとえば、トイレのタンクをのぞいて修理したり、溶剤では効果がなかった洗面所の詰まりは、スパナを使ってパイプをはずして、詰まりを取り除くといったことも行います。

家具の傷は、コーティングすることで、補修します。日本のニスという塗料が進化したような優秀なコーティング材料です。黒、白、ベージュ、茶色、ワインカラーなど、混ぜても使えますので、家具のほとんどの色を常備しています。

セントラルエアコンのフィルターは、空気の吸い込み口のクリアーなこと、各部屋ごとにあるエアコンは、フィルターのホコリを取り除かなければエアコンが効かなくなったり、壊れたりします。バスタブの換気扇も同様で、カバーを取り外して中を確認して処理しなくてはバスタブがカビやすくなります。

また、すべりをよくしたり、さび止めの効果があるスプレーをする箇所はたくさんあります。バスルームの換気扇、ドアロックや金具のスイッチなどが堅くなっているところ、カーテンレール、窓やドアなどの動く箇所、ガラス戸の下のレールやガラス戸についている滑車などです。この滑車が錆びれば、ベランダのドアを開閉するたびに騒音となり、階下からのクレームになってしまい

ます。また、ガラス戸のレールに細い溝があるタイプのサッシは、外の黒いばい煙の粉がたまりやすいのでブラシで取り除きます。そしてスプレーをすれば重いガラス戸が驚くほど軽く動くようになります。

　長期契約希望のお客様にお部屋を見せるときに気になるのは、バスルームです。バスタブと壁の境目には、コーキングというものを塗ってあります。ペースト状が固まって防水性になります。コーキングは、水漏れしないように、壁の奥にはたくさん埋め込みますが、手前側の見える箇所はできるだけ少なく細くします。もし、太く塗ってありますと、コーキングの部分に水が溜まりやすく、黒カビの面積も大きくて、とても見苦しいものです。カビを隠すために黒くなったコーキングの上に　白いコーキングを重ね塗りをして、いつしか太い縄のようになり、幾重もの灰色の層に小さな虫が動いているという不気味な売り物件を見たことがあります。でも細いコーキングで仕上げてあるきれいなバスタブを見ると、この管理担当者はよくわかっていると思ったりします。バスルームは清潔さが基本です。

　細かいところを見て回る仕事ですが、いつも利用する人の気持ちを考えます。シロアリの被害は通常は害虫スプレーを使用しますが、キッチンの棚などには、無害なアルコールを使用します。朝と夕方の２回、毎日散布して様子をみます。アルコールは家具の表面を傷つけるので使用するにはコツがありますが、これで、初期のシロアリ被害が広がったことはありません。シロアリ以外の害虫対策にも力を入れています。害虫の有無をご入居者がチェックアウトした夜に確認にいきます。害虫は夜に活動するからです。害虫が進入しないような工夫もします。

　どこの不動産会社でも、管理に関するいろいろな方針があると思いますが、お部屋を見ていただければ、それらは、おわかりいただけると思います。当社ではお部屋をきれいに、清潔に、ダメージが無いように、ダメージが起こらないように予防するという方針があります。

　たとえば、賃貸物件で、カーテンの開閉のときに持つスティックをカーテンの手前の見える位置につけます。（写真参照）このスティックをカーテンの裏側にありますと、ご入居者はカーテンを手で開閉して手垢で汚れたり、その部分は破れやすくダメージとなります。このカーテンのスティックの工夫で、高価

カーテンの前に取り付けられたスティック

なカーテンを長持ちさせることができ、ダメージを防ぐことが出来ます。「部屋の使い方」の注意書きでお願いしても、難しいことがたくさんありますので、管理側が工夫します。「お部屋の使い方」というインストラクションは、チェックインのときにご入居者に読んでもらっていますが、同じビルにあるお部屋でも内容が異なっています。お部屋の特徴やオーナー様のご希望によって違いがあるからです。

　ハワイ別荘を賃貸にだす場合のオーナー様の荷物は、お部屋の指定場所に鍵をかけて保管しますが、スーツケースにしまって鍵をかけていただいてもいいですし、スーツケースに入らなかったり、スペースが足りないときには、管理担当が箱にしまって、
「物件所有者の荷物ですので、このままでお願いします。」
と書いて貼り、クローゼットの奥に置いて、賃貸に出せます。
　最近気になるのは、内装や家具が古い印象を与える場合のリニューアルです。賃貸物件の場合は、特に費用をかけずに、新品に近い中古品で家具をそろ

えますが、新しい感覚で、デザイン性のあるものを選ぶようにして、コーディネイトをします。ハワイ別荘は、オーナー様のお考えを尊重して部屋を整備します。

　賃貸に出す物件の備品は、まずは、当社の余っている備品から活用し、品揃えをよくして準備します。備品による雑然とした感じを与えないよう、お部屋のデザインを邪魔しないよう、目立たない場所に置いたり、一目見たときに整然とした美しさがあると感じていただけるようにします。

　いろいろなアイデアは、オーナー様やご滞在のお客様から頂戴することもあります。お客様の声をお待ちしております。（物件管理担当：高井）

不動産会社と不動産エージェントとは

　アメリカでは不動産売買の資格がなければ、売買そのものの手続きができない仕組みになっています。

　不動産ブローカーは独立して不動産会社を運営する資格をもった人物で、名刺や広告などでは（R）と表示され、不動産エージェントはそのブローカーに所属するセールスマン（RA）です。両者とも不動産売買資格を持っており、売買には、問題ありませんので、人物重視と不動産の知識、管理能力で判断してください。

　満足する売買と管理を獲得するには、優れた不動産会社の優れた不動産エージェントを選ぶことが重要です。お客様の物件への条件を優先していることを基本にして、物件の良し悪しを相対的に見極める能力も備わっています。ハワイの不動産市場の動向を把握しており、その動向から、この物件は買いか否か、不動産エージェントが論理的な説明とともに判断できるかどうかを質問してみましょう。何人かに会って比較すれば選択できます。あなたにハワイ在住の知人がいたら、不動産会社や不動産エージェントの評判を確かめてみるのがいいでしょう。その手間を惜しまない行動が、あなたの資産と不動産をさらに価値有るものとしてくれます。

不動産会社と物件管理費

　管理費の額とサービス内容は、不動産会社によって異なります。不動産維持にかかわる諸手続きの案内について無料で行う、または、数百ドルの手数料を引くなどのサービスの違い、また、技量や努力にも差があります。
　物件を購入して不動産会社と信頼関係を築いて、引き続き管理をたのむというのが一般的ですので、物件を購入する前の段階で不動産会社のサービス、業務範囲、賃貸する場合の物件管理費などの条件を確認しましょう。
　以下は、不動産会社の物件管理費の一例です。
「賃料の10％が管理費となります。空き部屋の期間には管理費は発生しません。賃料には税金が加わりますが、税引き賃料の10％です。たとえば、1ヶ月賃料＄1000の場合は、＄100が不動産会社への物件管理費となります。」

　注1、不動産維持に関わる諸手続きの案内とは、ビル管理費や固定資産税の書類の説明、その支払いの銀行口座からの引き落とし、会計士の紹介などを指します。
　注2、不動産会社の管理費といえば、通常、物件管理も賃貸管理も含まれます。

さらに具体的な不動産会社の管理方針についての確認事項

　売買物件に案内されながら、自然に不動産についての多くの質問をしますが、管理については、忘れがちです。物件の細かい点を確認しているときに、不動産エージェントとゆっくり話す機会があれば、以下を確認することでも管理方針を理解できます。

　緊急時の対応はどのようにしているのか。
　部屋のトラブルは、どのように対応しているのか。

不動産会社と入居者の賃貸契約書は、どんな内容か。
注意事項を明記して、入居者へ徹底してあるかどうか。
管理会社が行っている物件価値を維持する工夫は何か。
きれいな部屋にして貸す工夫はどんなことか。

不動産エージェントが管理してる物件を、見せてもらうことで、さらに確認できます。ちなみに当社では、以下の対応を実行していますが、不動産会社によって方針は異なります。

〈緊急時の対応〉
　就任間もなくのオバマ大統領が、ハワイに休暇で訪れた日に、たまたま、オアフ島全域が終日停電になりました。ハワイでは、強風で停電になることがあります。アメリカ本土の都市なら大混乱を引き起こしますが、ハワイの住人は、またかというぐらいで、あまり驚きません。信号がストップしても、小さな交差点では警察官の交通整理はありませんので、ドライバーが道を譲り合って運転するなど、冷静に対処されています。地区ごとに明かりがついていく外の様子を見ながら、ここももうすぐ復旧するのだとわかります。
　電気での調理が主流のハワイでは、停電になれば、食料確保は必要なことです。また、コンドミニアムの停電では断水にもなりますので、水の確保も必要になります。
　2010年の南米の大地震、2011年の東日本大震災、2012年のカナダブリティッシュコロンビアの地震では、オアフ島には津波は来ませんでしたが、警報によって住人に知らされます。
　以上のようなハワイの事情を知らずに漠然とした理解では行動に移せないかもしれません。よって、これらの緊急事態の特徴を何らかの手段によって、ご滞在者は知らされるべきです。当社では「緊急事態説明書」に記載して、ご滞在者に読んでいただきます。ロングステイのお部屋には、緊急事態の説明書とともに懐中電灯やラジオを用意してお部屋に置いてあります。緊急の際には、全ての滞在者にゆっくり説明する時間はありませんので、緊急事態になってもあわてない体勢を整えておきたいものです。緊急時に素早く避難しながら、持

ち出していただくために、当社で賃貸物件の部屋に用意しているものは、
1、政府指定の避難場所の地図
2、ハワイでの災害対策の特徴的なことを記載した説明書
3、懐中電灯やラジオの備品
などです。

当社の「部屋の説明書」や「緊急事態説明書」の中で最も理解していただきたい項目は火災とその予防です。もし、コンドミニアムで火災があり、火災報知器が、けたたましく鳴り続けば、まず、非常階段を使って避難しなくてはなりません。消防車のサイレンも同時に聞こえてきます。ただ、長期滞在している人は、火災報知器のテストや誤作動で聞きなれていたり、スプリンクラーが作動するからと安心している人がいるかもしれませんが、スプリンクラーが作動するころに避難するのでは、手遅れだという認識を持ってもらうことが大切です。火災報知器は煙を感知しますが、スプリンクラーは高温を感知しますので、スプリンクラーが作動するころには既に火が回っている可能性があるからです。

〈部屋のトラブル〉

部屋のトラブルによって緊急を要する場合があります。水漏れ、お湯やシャワーがでないなど、ご滞在中に起こる不具合や故障は早めの対応が望ましく、そのためにも不動産会社は年中無休であることが必須です。早期にトラブルが解消することは、滞在者を大切にすることであると同時にあなたの財産も大切にしていることになります。また、早い対応が不動産会社への信頼となり、その会社が管理しているあなたの物件に入居したいという人を増やし、コンスタントな賃料収入がはいるということになります。

部屋のトラブルは、不動産エージェントが修理できる場合は、費用もかからず、ご滞在者にも迷惑がかかりません。英語の理解できない入居者に業者への対応をさせるのは、適切ではありません。

〈不動産会社と入居者の賃貸契約書を確認〉

所有者にとっての大切な不動産であることの理解を得られるような内容に

なっており、損害に対する責任の所在や滞在人数の制限、鍵の取り扱い、住まいにかかわるハワイの法律への理解を求め、それらの遵守を約束するために署名をしてもらうことになっています。

〈注意事項を明記して、入居者へ徹底してあるかどうか〉
「部屋の使い方の説明書」は、部屋や備品に損傷がないように、そして、安全に住めるような留意点を列記しチェックインの際にご滞在者に理解してもらいます。
　当社では、ボヤも含めて火災が発生したということはありませんが、たとえば、交通機関が提示するようなガスボンベ、可燃性燃料などの「危険物の持込禁止」、キャンドルの持込み使用の禁止などの当たり前のことでも記載してあるべきです。
　電化製品や備品を利用する際の注意点、たとえば、ヘアードライヤーの利用後はコンセントからコードを抜くといった細かいことなど、注意を喚起しておく事項はたくさんあります。

〈管理会社が行っている物件価値を維持する工夫〉
　カーペットの取替えは多額の費用がかかりますので、汚れない工夫が必要です。部屋へ入って最も目に付くのがカーペットであり、内装の印象を決定付けます。汚れていれば、入居者は益々汚してしまいがちですから、入居者が退去する都度に、シミ抜きや汚れた部分の補修が必要です。しかし、専門業者にたのむようでは費用がかさみますので、入居者が支払う、そうじの費用や不動産会社の物件管理のなかで行ってもらうのが理想です。定期的なカーペットのジャンプーは、専門のシャンプー業者に依頼するのが一般的です。なお、日本人に多く賃貸している物件は、土足ではなく、入り口で靴を脱いでもらい、部屋内は清潔な仕様になっていることが多く、比較的、カーペットのきれいさを維持してもらえます。不動産会社の管理している物件を見せてもらえれば、カーペットの状態は一目瞭然です。カーペットの次に目立つのは白い壁です。ひっかき傷は補修され、傷が目立つときには、タッチアップなどを行って壁のきれいさを維持します。

〈きれいな部屋にして貸す〉
　よそいきのきれいな服を着せれば、子供でも泥んこ遊びをしないのと同様、無味乾燥な部屋よりも魅力ある部屋のほうが大事に使ってもらえる傾向にあります。女性の目で見てもきれいで、キッチンの備品、電気製品の配置など、使いやすさを考えた心配りや細やかなセンスが見える部屋であればさらにいいでしょう。

Q
　賃貸に出す投資物件を購入するにあたって、参考のためにいろいろな不動産会社の管理物件を見せてもらったのですが、カーペットを取り替えたばかりとか、どうも内装の新しい物件しか見せてくれなかったように思います。これでは、管理の良し悪しがわからないと思うのですが、何かアイデアはありませんか？
A
　購入目的ではなく、
「将来、長期賃貸するかもしれない。」
ということでお部屋を見せてもらってはいかがでしょうか。6ヶ月以上の長期賃貸なら、お部屋を見てから賃貸するかどうか検討するというのは普通のことですし、ロングステイの経験があるなら長期賃貸はどうかと思うこともあるでしょう。将来はハワイに住みたいと思えば、不動産会社を選ばなければ、いい賃貸物件にも出会えません。電話で問い合わせたときに内装が古く、安い賃料の物件を賃貸したいということでおたずねになれば、そのような物件を案内してくれるでしょう。
　その不動産会社がいい対応をしており、古い内装の物件でも、最高のコンディションに維持し、管理がいいということがわかれば、その不動産会社にも利益があることです。臆せず、積極的に見せてもらって、よりよい不動産会社を選んでください。

第1章 経験からのアドバイス

不動産会社に対する評価（鳳）

　ハワイの不動産売買についてや具体的な物件はインターネットで調べ、オープンハウスに行けば、いろいろなコンドミニアムを見れますので、私なら、株と同じように自分で物件を選んで、オファーの価格を決められます。アドバイスが必要な一軒家、そして、どうしても欲しい格安物件以外の売買なら、誰に頼んでも同じだと思っていますが、管理は違います。

　礼儀正しくて良さそうな人だ思って、その不動産エージェントを使って不動産を購入した後に、管理をお願いすることになって、不動産会社へ支払う管理費が、賃料の数割りだと知ったら……。たとえば、30％だったら、どう感じるだろうか。賃料が1ヶ月2000ドルなら、30％は600ドルで、全ての費用がこの600ドルに含まれるのだと思っていたら、固定資産税の引き落としをたのんだとき、数百ドルの手数料を取られて、ほかにも手数料ががんがん引かれていたことを発見して、たずねると、

「管理担当者が物件に足を運ぶごとに手数料が必要です。担当者が動けば費用がかかります。賃貸料の30％は、当社で物件を預かるときの基本料みたいなものです。」

　と会社の管理方針を説明されたので、

「では、会社ではなく親切なあなた個人に、管理をお願いできませんか？」

　と不動産エージェントにたのんだところ、

「私は管理担当ではありませんのでしません。会社の規則です。」

　と言われて、管理担当者が別にいるなら、最初に管理担当者から説明を受けておけばよかったと、後悔しませんか？

　ハワイの電球は切れることが多いのですが、電球を取り替えるたびに手数料

を払うのです。エアコンが壊れたら、業者の修理代に不動産会社の手数料が上乗せされているということか……？

　私の知人は、不動産を購入する前にいくつもの不動産会社へ電話をして調べていました。

「不動産を購入して、御社に管理を預けた場合、ロングステイのような短期賃貸をやってくれますか？」

　と質問しました。

「短期賃貸は、14％も宿泊税を支払うんですよ。長期賃貸だけなら５％だけですから、物件所有者にとって短期賃貸は損ですよ。」

　ロングステイで貸すのは損なのか、と思って他の不動産会社へ同じ質問をしたら、

「普通は、賃料と宿泊税を一緒に入居者から徴収しますので、物件所有者に宿泊税は関係ありません。ロングステイで貸し出しても税制面で不利になることはありません。」

　ということでした。そう言えば、ホテルに宿泊したときもホテル代に税金をプラスして一緒に支払ったので、ロングステイも同じだと納得したそうです。また、別の会社へ同じ質問をしました。すると、

「ロングステイのような短期賃貸をするなら、固定資産税が数倍高くなりますよ。ホテルの物件と同じで、ステュディオなら１年で数千ドルは違いますよ。」

　と言われ、びっくりして、先の会社へ、また電話をすると、

「固定資産税が高いのは、ホテルコンドミニアムの物件をホテルが管理している場合です。ロングステイなどの１ヶ月間以上の賃貸で運用した賃貸物件の固定資産税は高くなりません。」

　ということでした。実際、これが正しいのです。

「当社では、ホテル管理から当社管理に移行する際に、通常の固定資産税額へ戻す手続きを無料で行っています。」

　と付け加えられ、何が正しいのかわからなくなってしまったこの人は、私にメールをしてきました。「通常の固定資産税額への手続き」があると言われたら、

「どんな手続きなのか、ロングステイの賃貸をした経験が十分にあるのかなど

を聞いてみたのか、突っ込んで質問してみれば、正しい回答を見分けられる。」
と返事しました。
　また、ある不動産会社から自宅の不動産を買ったとき、
「何かあれば、いつでもご相談ください。」
と言われていたので、バスルームの天井にヒビがはいったので見てもらおうとして不動産会社へ電話をしたら、
「お宅まで出向くなら、費用がかかります。」
と言われたので、思わず、
「修理業者だって、見に来てもらって見積もりを取るのは無料だ。」
と食い下がったら、
「会社の決まりですから。」
とにべも無く断られてしまった。などのような苦い経験をした人から学べることは、
「私どもは、いつでもお客様の立場に立っております。」
「いつでも親身になって相談にのります。」
などの美辞麗句は不要で、管理の具体的な業務と数字、そして、その方針が実行された管理物件を見せてもらうことが最重要課題だったのです。（鳳）

不動産エージェントの人柄（鳳）

　言葉がていねいで腰が低いのはカモフラージュで、とにもかくにも不動産エージェントは、自信を持って管理を詳細に説明できなくてはならないと思っています。
　私の初めての不動産購入のときに不動産エージェントが、物件のそこかしこを指差して、
「貸す時は、ここをああして、ここをこうして……。」
と納得する説明をしてくれて、不安を打ち消してくれました。そのとき、なんとなくずっとあった不安は、管理のことだと気がついたのです。不動産エージェントと、売り物件を見ているときには、

「これをこんな風に変えるには、どうしたらいいのですか。」
「いくらかかりますか。」
　と聞いてみたり、
「○○の修理を自分でしたことがありますか。」
「どんな風にするのですか。」
　などの修理の内容や費用の概算を聞いたり、賃貸や管理について説明してもらいましょう。内装の古い格安物件を購入したら、実際には、こういう話ばかりしてしまうことになります。

　売却のときにも不動産エージェントによっていろいろな考え方があるようです。購入希望者が物件見学をしにくるときには、歯ブラシまで全ての私物を片付けて草花を飾るのが売却するコツだと言う不動産エージェントがいました。しかし、私が有り難いと思ったのは、私物が置いてあってもいい、物件の価値が大切だから、純粋に価値を上げることを　物件に即して費用がかからない順にアドバイスしてくれたり、買い手はこの物件のどの点を重視して購入してくれそうかという意見でした。そのようなことが話せる不動産エージェントは、ここでもやはり、管理の知識がある人でした。そして、いい写真を撮って売り情報のＭＬＳに載せてくれたことも、効果があったと思います。

　それから、不動産エージェントには、センスの良さや好感を与える人がいいと思いました。格安物件を購入したときに、私と同額の購入価格の買い手が複数いたそうですが、売り手の不動産エージェントは、私の不動産エージェントを選びました。不動産エージェントの良さで、その格安物件を手にすることができたのです。そのときの経験から、人間性の良さや信頼できる人柄というのは、万国共通なのだと思いましたし、安易に不動産エージェントを選択すべきではないと思いました。

　はじめの頃は、いろいろな不動産エージェントと会いましたが、開口一番に政財界人の不動産物件を預かっているなどと関係のないことをぺらぺら話す人などは、こちらの気分がよくありませんが、知られたくない資産状況を知られるのですから、言うべきことと言わざるべきことの区別がつかない人物では困ります。また、不動産売買に関係ない家庭環境や個人的な事情を興味本位に詮索したり、知り得た情報を吹聴しない人物を選ぶべきでしょう。所有物件が多

くなれば、不動産エージェントへ何かと連絡することが多くなりますので、結局のところ、口が堅く、人間的な付き合いを長くできる人が良いと思います。
（鳳）

実際に管理物件を見ることの重要さ（鳳）

　私が気になっているのが害虫対策です。売り物件を見に行き、そこで害虫の多さにぞっとしたことを思い出します。そうじされないまま売りに出されたことを知らないオーナーはかわいそうですが、この部屋にいた入居者はさぞ不快な生活をしていたことでしょう。

　ハワイに住めば誰でも知っていますが、害虫は食べ物のにおいをめがけてきます。生活態度には関係なく、料理をする部屋ほど害虫が集まってきます。入居者の責任だと断定して何もしない、市販の薬を置くだけ、筆頭項目に挙げて有効な対策をするなど、どのような管理を不動産会社が行っているのか確認してください。

　しかし、自分の物件がどのように売りに出されたのか見るべきだと思います。

　賃貸されていても、オーナーが自分の物件を見たいと言えば、テナントに連絡して、見せてもらえることを知っているでしょうか？　害虫対策をして貸しているのか見せてもらいましょう。もちろん、購入のときも売却のときも自分の物件を見に来て、確認するのを怠るべきではありません。

　また、購入を前提でしか管理を受けない不動産会社がある一方で、ウエルカムでどんな物件でも預かってくれる不動産会社があります。管理物件を無条件で増やしていく不動産会社は、どんな生徒でも受け入れる学校のようで、儲け主義一辺倒ではないかと心配になりますので、その不動産会社の管理物件を数多く見て回りましょう。もし、管理がおざなりであれば物件価値も落ち、その結果、賃貸もふるわず利回りも落ちることになってしまいます。その会社の管理物件へのこだわりや害虫対策を確認するべきだと思います。

　また、こんな話も聞きました。リフォームして価値が高くなったと思ってい

たオーナーが、そのビルの物件の賃料は全て同じ設定だと聞いてがっかりしたということです。高層階の新装物件と最下階の古い物件が同一賃料設定というのは、あり得ないことだと思います。また、
「賃料を上げろ。」
という物件所有者の要求に、
「10年経ってもリフォームもせずに。」
と怒る不動産会社があるかと思えば、10年リフォームしなくても内装のよさを維持しようと努力する不動産会社までいろいろあります。何十年も自分のビジネスを続けている人は個性が強く、良い仕事をする人は、素晴らしく良い仕事をするが、そうではない人は、全くその逆で、管理も悪いという、固定観念を私は持っています。管理は客観的な基準が無いので、不動産エージェントに質問したり、不動産会社の管理する物件を自分で見て判断すること以外に方法はありません。（鳳）

第2章 ハワイ別荘の管理

　気が向いたらすぐに、そして、もっと長く頻繁に、誰にも気兼ねをせずに滞在したいと考え始めれば、ハワイ別荘の取得となるのですが、果たして不動産会社の管理はどこまでやってくれるのだろうという疑問が沸いてくると思います。

　まず、基本は、物件所有者がハワイに滞在のときには、何もしないで、くつろいでもらうために、不動産会社の管理があります。自分の別荘に到着して、しなければならないことがたくさんあるのでは、何のためのハワイ滞在なのか、何のための不動産会社の管理なのかということになります。

　物件の特徴や物件所有者の事情が異なりますので、様々な管理項目がありますが、ほぼ共通して言えることを記載しました。コンドミニアムだけでなく、一戸建てにも共通していますので、ご参考ください。なお、一戸建ての特徴ある管理については、次の項で記載いたします。

（「一戸建ての管理」P.116）

〈郵便物〉
　定期的に回収し、物件所有者が滞在するときに渡しますが、不動産に関する書類は適切な対応をします。

〈不動産に関する各所から送られてくる書類の対応〉
　ハワイの別荘に届いた書類は、不動産会社が取りに行きます。日本のご自宅に郵送された書類は、ＦＡＸやメールの添付書類で不動産会社へお送りください。

　物件を購入した初年度は銀行口座の開設や自動引き落としの手続き、また、税金やその支払いなどいろいろな手続きがあります。

〈物件の点検〉
　それぞれの部屋のチェックリストを作成して、コンドミニアムの場合は部屋に異常や損害がないかどうかを見て回ります。一戸建ての場合は特に、セキュリティーを意識した点検を行います。

〈シロアリの被害の点検〉
　木材壁や木製家具のリストアップを行い被害の痕跡を探します。痕跡が小さい範囲であれば初期対応を何度か試みて、痕跡が収まらない場合や、初期の被害でも痕跡の個所が多い場合は、専門の業者に依頼します。

〈水漏れの点検と対策〉
　コンドミニアムの場合で、階上からの水漏れの予防は、頻繁に物件へ足を運んで確認する以外にはありません。また、部屋内からの水漏れの可能性もそのときに調べます。ただ、水漏れを引き起こす可能性のある個所は、事前に対処しておくべきです。
　たとえば、錆びたバルブ（元栓）や配管は取り替えます。当社では錆びだけでなく、固くなったものも取り替えます。古いバルブを操作して、バルブが壊れますと、水が噴き出す事故につながるからです。これは、ビルの緊急の断水処置を直ちに実行します。以前には、あるコンドミニアムで大量の水が落ちてきて、階上へ何が起きたのか確認したところ、すぐ真上ではなく、数部屋となりの数階上が、そのバルブの事故で水漏れを起こしていました。数階の廊下は水浸しの状況で、原因元の水は止まっていないとのことでした。
　コンドミニアムの緊急の連絡先の熟知が滞在者に徹底されていることが有効です。当社では入り口のドアに安全の注意事項とともに緊急時の連絡先電話番号が貼ってあります。また、水は勢いよく噴き出しますので、何かで止めることは不可能です。冷静な対処の仕方は、掃除機などのホースを使って、バスタブへ流すことです。また、バルブが原因だと判明している場合で、管理担当がコンドミニアムに行く場合は、まず、ビルの担当者が緊急の断水を実行したかどうかを確認しなくてはなりません。

バルブの故障以外に水漏れが起こる原因は様々で、当社では、常備の大型扇風機や水を吸い取る機械がありますが、コンドミニアムによっても、これらを備えていますので、積極的に活用します。また、場合によっては、管理担当は、カーペットを剥がして乾燥させることを試みます。これは管理業務の中で行います。
（「ハワイ不動産投資環境、瑕疵が原因による保険の保証」P.32）
（「一戸建ての管理、水漏れ」P.122）
（「コンドミニアムの設備、メンテナンスと水漏れ」P.188）

〈風を入れ、エアコンの作動〉
　点検中には、風を通し、終了後は、都会のほこり、害虫や鳥などが入らないように窓は閉めておきます。エアコンにタイマーがある場合は、作動を確認してから、点検後の数時間は作動するようにして、家の中の湿気を戸外へ出します。

〈風や雨の日〉
　雨風が予想される場合や、大雨の時期には、ベランダの家具を屋内にしまいます。敷物を敷き、汚れをふきとりながら行います。また、ワイキキも含め晴天の多い地区は、建物には、雨戸がありませんので、窓枠がしっかりしてしていても　雨風によっては、窓枠から滲み込む可能性がありますので、翌日に手分けをして点検し整備を行います。

〈所有者が滞在する前の作業〉
　物件所有者が滞在する前後に部屋のクリーニングの手配をします。そして、テレビを含む、必要な電気製品の点検が行われます。

〈テレビの点検と薄型テレビ〉
　リモコンの不具合が多いのがハワイのテレビ環境の特徴です。リモコンの作動確認は毎回行われ、多くの場合、再設定を行います。また、有料の日本語放送と契約している場合で、長い間利用しなかったことによる切断の不具合を解

消する作業が必要です。

　また、ハワイも薄型テレビが主流になりました。パソコンとつないだことによる不具合やリモコンの間違った操作によって、ケーブルやチャンネルを認識しなくなったりします。昔は線をつなぐだけの簡単であったテレビとＤＶＤの接続は手順が難しくなり、複雑化した機能をコントロールできないのが薄型テレビです。昨今の大型電気店などでは、初期の設定方法に戻すことを何回実行しても一定の費用（＄400前後）で対処する保険のようなサービスがでてきています。

　当社の場合は、不動産エージェントが行い、ＤＶＤの接続も可能です。余談ですが、不動産エージェントは、不動産の市場を理解することから、個々の物件に設置されている電気製品やテレビの設定まで理解しますので、多岐に渡った仕事かもしれません。

〈現状復帰作業〉
　カーペットの染み抜きや壁の補修を行います。また、ハワイ別荘として利用しない間にロングステイなどで、貸し出されていた場合の現状復帰作業は、使い古されたラグなどの備品の取替えや、家具や家電の補修なども必要になってきます。

Q
　部屋をチェックアウトをし、日本に帰国するときに　何かすることはありますか？
A
　砂ぼこりや鳥がはいってきますので、ベランダや窓、細いガラスパネルの重ね窓も閉めておきましょう。また、害虫が、繁殖する原因になりますので、部屋に食べ物やゴミなどを残していかないようにしましょう。
　ベランダのいすやテーブルは、風に倒されて、ガラス窓を破損しないよう、部屋の中へ入れておきましょう。ハワイには台風は滅多に来ませんが、強い風の吹く日がありますので注意が必要です。管理を不動産会社へ依頼している場

合は、滞在中の部屋の不具合を報告して、修理を依頼してください。

Q
　留守のときに鳥がベランダに巣を作らないようにするには？
A
　手すりやその下部には、専用の針金を取り付けます。そして、鳥が隠れるようなスペースを作らないために、可能な限り物を置かないようにしましょう。
　外からは見えない低い位置に反射板を置くことも一定の効果がありますが、反射した光がレンズを通した状態になって部屋に入ってくれば、火災の原因になるといわれていますので、管理に慣れた不動産エージェントにご相談ください。
　なお、手すりに反射板やCD（コンパクトディスク）などをつるすことを禁止しているコンドミニアムがあります。

Q
　日本に住んでいて、ハワイの別荘を自分で管理することはできるのでしょうか。
A
　あいにくできません。ハワイの不動産管理、特に、コンドミニアムの管理組合からは、ハワイ在住の人の連絡先（住所と電話番号）の登録を求められます。ハワイ在住の知人友人、不動産会社などに管理を依頼しましょう。

Q
　水漏れが心配ですが、水漏れの無いような予防策がありますか？
A
　壁の奥の配管は見えませんので、普段から、水滴が落ちる音が発生していないか注意し、古くなったバルブは水漏れ予防のためにも早めに取り替えておき

ましょう。バルブのある個所は、洗面台の下、トイレの水槽の下、キッチン、洗濯機のところなどです。

Q
　カーペットシャンプーとは、どのようにしてするのですか？
A
　カーペットシャンプーは、専門の業者にたのむ場合が多いのですが、仕事量に応じて費用が異なります。家具を移動する場合としない場合、シミ抜き、または、短時間で簡単に済ますなど料金は様々です。

第2章 一戸建ての管理

購入した直後に不動産会社が行うべきこと

　鍵を全部取り替えて、必要ならば以下のような各種の契約や対応、改善を行います。

- セキュリティー会社
- テレビのケーブル会社
- 屋内電話の接続
- 水道、ガス、電気
- ガーデナー、ヤードクリーナー（庭の手入れ業者）
- スイミングプール業者
- 近隣の住人組合への報告

　水道、ガス、電気は、名義変更をします。売却の際にも所有者が変わることによって、一時的に供給を止めることはしません。セキュリティー会社や電話、テレビのケーブルのみ切断されますので、接続、または、新たに契約の手続きを行います。

　また、家具や家電の買い替えや大型テレビの購入、カーペットの張替えや内装の改善などを検討して実行します。不動産会社は、注文された品々を搬入するときや内装工事の手配などを手伝います。また、物件の不具合が見つかっても売り手は修理せずにそのままで売却するという売却条件の一戸建てを購入した場合で、売買手続き中の物件調査で指摘された個所があれば修理を検討します。たとえば、スイミングプールや暖炉の不具合、屋根やフェンス（塀）、外壁、また、玄関の前や車止め、テラスの面にある石のタイルやコンクリートの破損や劣化などがあります。損傷は修理し、外壁のコケや汚れが甚だしい場合は、パワーウォッシュの洗浄を業者へ依頼します。必要であればペンキの処理

「パワーウォッシュ」の箇所を指示する著者

をしますが、おおむねパワーウォッシュで大きく改善します。（写真参照「パワーウォッシュ」）

〈一戸建てのセキュリティーの手配〉
　オアフ島は他の島よりも経済的に豊かですが、大都会は雑多な人々がいるので、一戸建てにはセキュリティーシステムが必要です。セキュリティー会社との契約と、個人で出来るセキュリティーとを併用するのがいいでしょう。家に人が近づけば自動的につくライト、タイマーによって定時に点灯するライトの利用、また、生活のにおいのするものを配置することによっても効果があります。
　引越しと見間違える大掛かりな盗難を防止するためにも、できれば近隣とのコミュニケーションを常日頃から持っておくことも方策のひとつです。もし、物件所有者が英語が堪能ではない場合は、この役目は不動産会社が担います。物件への作業を行うときに、また、ゴミだしなどで、近隣の人を見かけた場合は、必ず声をかけます。何かあれば、管理者である不動産会社へ連絡するよう

に伝えます。

〈ガーデナー、ヤードクリーナーの手配〉
　庭や玄関脇の敷地は手入れが行き届いている必要があります。落ち葉が溜まったままで手入れがされていないというのは、周辺を歩く人々に空き家であることを示してしまいます。
　また、木々が垣根を越えて隣家へ入ったり、落ち葉が雨どいを詰まらせる原因になりますので、定期的に、植物の剪定を依頼します。花々や植木への水の散布や芝刈りも必要になります。
　ガーデナーを雇っていない場合はスプリンクラーの定期的な水の散布を行います。タイマーによって自動的にスプリンクラーが作動する場合は、正常に作動しているかどうかを確認します。山の斜面に位置する一戸建ては、季節によっては、毎日のように雨が降りますので、スプリンクラーが不要な時期があります。やしの木についてはやしの木専門の業者を雇って、成長しすぎたやしの葉や実を落とします。

通常の管理で行うこと

　シロアリやセキュリティーなどの異常がないかをチェックします。物件所有者の滞在の前後には屋内全体と屋外施設のクリーニングの手配、その後の鍵の施錠や電気点灯確認を行います。
　快適な滞在を阻むものに、虫の侵入や蚊の繁殖があります。網戸の設置や虫除けである程度の効果がありますが、蚊が発生する原因になる庭のプランターや水溜りの処理が必要になります。スイミングプールの側溝が詰まっている場合も蚊が繁殖する原因になりますので、詰まりを取り除きます。（写真参照「側溝のクリーニング」）
　また、雨どいが詰まったり、地上に届いた雨どいの下部周辺にコケがはえて、やはり蚊が発生する原因になりますので、取り除きます。雨どいの詰まりを防止するためにネットを設置することも効果的です。（写真参照「雨どいに

泥がたまって雑草が生えた側溝

側溝のクリーニング

第2章

ネットを貼る」）その他の点検や作業には以下のような項目があります。

〈ゴミだし〉

　週2回のゴミだしを行います。ゴミの種類によってゴミ箱と曜日が指定されており、前日のゴミ出しと翌日のゴミ箱の回収作業が必要になります。

〈風が強いときは〉

　台風は滅多に来ませんが、風の強い日があります。強風が予想されるときには、外壁やガラス戸を傷つけないために、庭のラナイ家具を家の中へ置きます。

　最近のラナイ家具は、鉄製の豪華なものが主流で、重いので風に飛ばされないと思われても拭いて屋内に入れます。それは、クロリーンという漂白剤に似たスイミングプールの薬剤の水しぶきがかかると、ラナイ家具の鉄の部分をさびやすくするからです。

〈一戸建てのスイミングプールの管理〉

　頻繁にハワイ別荘に滞在して、スイミングプールで泳ぐのが日課であるといった場合は、定期的に点検をする専門の業者を雇ったほうがいいでしょう。スイミングプールの水は、ポンプで循環されていますが、循環されなければ水が汚れていきます。スイミングプールの大きさによって異なりますが、所有者が不在で、利用しない間は、毎日数時間の循環でよいとなっています。スイミングプール利用頻度によって、フィルターや、スイミングプールの底のクリーニング、水質の検査と、それに合った薬剤の投入が必要になります。水質検査キットは、ホームセンターに売っていますので、ご自分でなさることも可能です。

　物件所有者が滞在しない間は、スイミングプールにカバーをして、落ち葉などのゴミがはいらないようにします。

　なお、どの程度の頻度で水の入れ替えが行われるのかというおたずねがときどきありますが、全部の水を抜いて入れ替えるということはありません。一時期でも抜くということは、内壁の圧力がなくなることによる弊害がプール全体

落ち葉がたまった雨どい

雨どいにネットを貼る

に及び、ヒビが入る可能性があります。スイミングプールのポンプシステムには、水が蒸発するにともない、足りなくなった水を補給するシステムがあります。循環と補給、薬剤の投入で水質を維持されます。

スイミングプールの業者に点検や清掃を依頼している場合は、彼らの作業終了後に、管理担当者が見に行きます。スイミングプールの底の清掃が行われて、水かさが大きく減っている場合があるので、水量を適当な高さまで引き上げます。

〈暖炉の点検〉

リビングのアクセサリーというだけでなく、特に丘や山の一戸建てには、暖炉が備わっており、実際に使用されますので、ガスや電気で作動する暖炉は、正常な点火、消火を確認します。薪をくべるタイプの暖炉については、不動産会社が煙突クリーナーの手配を行います。

〈水漏れ〉

水を使用する全ての個所の点検が必要になり、屋内の場合は僅かな水漏れでも止めます。キッチンや洗面台の水道にある場合の多くは、パッキングの取替えによって止まります。トイレの常時流れる僅かな水漏れも修理します。

注意すべきは大きな水漏れですが、全戸の水を止めたあとに、大元のバルブを一箇所ずつ開けながら、どの水道のラインで水漏れがあるのか、調べます。

正常ではないと判断された個所、たとえば、スイミングプールからの水漏れが疑われた場合は、時間を計って水の供給量を確認し、適正でなければスイミングプールのシステムと内壁のヒビなどを中心に水漏れを調査しします。（写真参照「スイミングプールの水漏れの検査」）

家に届くまでの地中のパイプは、業者へ調査を依頼します。専用のセンサーによって水漏れが感知されます。もし、物件所有者の責任ではない、地中で起こった水漏れは、修理以後の水道代が値引きされます。

スイミングプールシステムの確認

スイミングプールの水漏れの検査

第2章

一戸建てに設備を加える

　テラスやスイミングプールなどの設備を加えたり、増築したり、古い家を取り壊すなど、それが一部であっても　建築の要素を変更する場合は、ホノルル市の建築許可が必要です。ライセンスを持った工事業者（コントラクター）を雇えば、彼らがホノルル市から許可をもらって工事を行います。

〈スイミングプールの設置〉
　設置できる場所を決めて業者に見積もりを出してもらいましょう。大きさや形、構造によって、また、飛び込み台、ジャグジーなどの設備によって、工事費用は異なります。内壁にライトをつけたり、タイルでデザインするなどでエレガントになります。最近の流行は、外壁に水があふれるインフィニティースイミングプールです。
　スイミングプールと同時に、シャワーを設置する場合の水道管は、屋外に出た水道や屋内のバスルームの水道管を引っ張ってきたり、温水にするための太陽光発電システムを利用したものがあります。

〈増築や娯楽施設設置について〉
　屋内の娯楽施設には、ジムやサウナ、ミニシアター（映画鑑賞ルーム）、パーティールームなどがあります。これらを組み合わせて、個性的な娯楽施設を検討してもいいでしょう。酒類のキャビネットがあるバーカウンターと書斎との組み合わせや、ジムに大型テレビを置き、シアタールームとジムの併用は、映画を見ながら体を動かすことができます。空間を自由な発想でデザインできるのは、一戸建ての良さです。ワイン好きの物件所有者がワインセラーを造りたいという要望もあります。

〈暖炉の設置〉
　暖炉は「マントルピース」という英語が知られていますが、ハワイでは「ファイヤープレイス」と言います。

暖炉を設置する場合にも、ホノルル市の設置許可が必要で、暖炉をよく知る業者を雇って工事を行います。薪をくべるタイプの暖炉については、火災予防のために、消火についてや、使用済みのクリスマスツリーを燃やしてはならない、煙突の取り扱いなどの注意点があります。

〈フェンス（塀）〉
　玄関前の広い緑の芝は、家のたたずまいや町並みの良さに貢献したり、駐車場の目的にも利用できますが、もし、プライバシーを保つために、フェンスが必要になったら、いくつかの業者からカタログを取り寄せて見積もりとともに検討しましょう。
　特に丘や山の崖に建つ家の庭のフェンスには、雨によって庭の土が浸食されていくのを防ぐ役割があります。また、イノシシが侵入し、庭を掘り返すといったことが報告されていますので、コンクリートと鉄柵などの丈夫なものをご検討ください。

　一戸建ての管理は点検だけでなく、周辺へ赴くことがあれば、立ち寄ったり、ドライブ中に近所の人を見かけると、車を止めてあいさつをします。
「ココナッツの実が落ちそうだ……。」
　という指摘があって、椰子の木の業者に依頼したり、
「鳥が巣を作り始めている。」
　など、近隣の人との会話の中に何をすべきかを知ることもあります。
　自宅として引っ越してきた人には、慣れない間は、不動産会社から得られる情報や作業によって、いい住居環境を作っていくことができますし、ハワイ別荘として利用する一戸建ては、ホテルのように何もしないくつろぎの滞在をするために不動産会社の管理があると言っても過言ではありません。

第2章 一戸建て

　日本の一戸建ての相場から考えますと、3000万円というのが一般的な数字ですので、ワイキキの近くにも一戸建てを買えるだろうと漠然と思われがちですが、残念なことに不可能です。オアフ島なら最低でも50万ドル（4000万円）以上が適当でしょう。島の裏側のカイルアやカネオヘ地区にも日本人が好みそうな閑静な住宅街があり、2013年現在は、50万ドル台からとなっています。それらの地区以外では、3000万円台の一戸建てはたくさんありますが、日本人が理想とする住宅地とは言えないと思います。英語が堪能、セキュリティーは不要で、現地に溶け込んで同様の生活をし始めるという方々には、いいかもしれません。毎日サーフィンができれば、本望だといって島の裏側に住み着く日本人もいます。どの地域がいいということは、ご予算や好みによって、いくつかの地域に決まってきます。
　有名なカハラは1ミリオンドルからの一戸建てがある高級住宅街で、そのオーシャンフロントは数ミリオンドルという価格です。いろいろな地域を車で走りながら、家の外観を見て周れば、どのような地域であるのか理解することができます。
　一戸建てはコンドミニアムと同様にリフォームしてあれば築年数はほとんど関係ありません。ただ、リフォームがどの程度であるのか確認する必要があります。リフォームを重ねて美術品のようになり、高額物件に生まれ変われるのは、アメリカの不動産の特徴です。素晴らしく豪華で割安な家を前に、
「築年数が……。」
　と言えば、アメリカ人には不思議に思われるかもしれません。

一戸建ての間取り図

　一戸建ての「〇ベッドルーム」というのは、単にベッドルームの数だけを表現しています。アメリカでは、リビングルームは、ベッドルームとは別にあるという考え方ですので、リビングルームはこの数字に入っていません。総部屋数を知るには、売り手に確認したり、物件を見てみる必要があります。

　間取り図を確認すれば早いのですが、ハワイの一戸建ては、間取りが存在していても公開していないことが多く、手に入りません。新築物件はごく稀に公開しています。セキュリティーが危うくなるという考えかもしれませんし、豪華さによって価値が決まるので、間取り図よりも写真で確認することが適当であるとも言えるでしょう。ＭＬＳの売り物件情報には、洗練された一戸建ての写真が多く掲載されています。

　なお、購入手続中には、正確な土地区画図や設計図を手に入れることができるのが通常ですが、築年の古い家に関しては、紛失されて無い場合があります。

一戸建ての選択

　一戸建ては、一般的には、コンドミニアムよりも売れるまでの期間が長くなっていますので、買い手は、十分に検討する時間的余裕がありますが、物件選びを慎重にするという点では、一戸建て購入はさらに慎重さが必要です。家だけでなく、地盤や、近隣の環境、交通の便やアクセスなど、周辺の状況も考慮しなくてはなりません。

　一戸建てに対する好みや条件は、人それぞれで、広さやながめ、オーシャンフロントにこだわったり、新築物件、ショッピングモールから徒歩圏内など、条件とその優先順位をはっきりと不動産エージェントに伝えてましょう。

　物件見学をして気に入った物件を数件に絞ったら、適正価格であるのか調べます。その判断は難しいのですが、その地区で売却された一戸建ての情報を得

たり、同じ価格帯の物件同士を比較してみましょう。そして、再度物件を見て、必要な項目を確認していき、さらに購入対象の物件を絞っていきます。
（参照「一戸建てのチェックポイント」P.130）
　購入対象の物件がほぼ決まったら、周辺を歩いてみることや、日が暮れてからの環境の変化や騒音なども含めて確認することが必要です。犬の吠えるのが気になるというような改善できない環境は、このときに発見しましょう。

一戸建て選びで迷ったときには

　正直者の不動産エージェントでなければどんな物件でも購入を薦めはしますが、止めさせることをしない傾向にあります。それゆえに自分の感性が頼りになります。もし、自信がなければ、いろいろな物件を見ながら、見る目を養って、感性を磨き、理想の家に出会える努力をしましょう。
　もし、複数の一戸建てを選んで迷ったときに再度、同じ家を見学するときにおすすめしたいことは、全ての部屋を見て回ったあとに、その家のどこかに座って、家の良さがあなたに合うのか、心から好きになれる家なのかを考えながら、家を感じていただきたいと思います。
　見た目が美しい、素敵な家、豪華な家、表現はいろいろありますが、たとえそれが心に残っても、その人が惹かれる家とは違う、なんだか落ち着かない、リラックスできないという理由を耳にしたりすることがあるからです。
　まず、ハワイに一戸建てを購入して滞在する目的は何かをお考えになり、そのために必要な家、たとえば、癒される家、英気を与えてくれる家、家族がひとつになる家など、それらが叶う家なのかを、家を感じることで答えを出してほしいと思います。そのためには、その物件で静かな時間が必要だと思います。物件見学のあわただしさが尾を引いているので、気持ちが落ち着くまでには、時間がかかるかもしれませんが、その際には、不動産エージェントは、傍らに控えているだけで多くの説明はしませんので、その家の中で最も好きな場所を選んで、できれば座り、周囲を見渡したり、庭の景色を堪能したり、ときには目をつぶって、生活の場面を想像してください。子供たちがスイミング

プールで泳いでいるところ、テラスで友人と語り合うところ、食事風景や家族でテレビを見ているところ、家事や仕事が終わって休憩するところなどです。居心地のいい場所や満足できる場面が多くあればあるほど、好きな家となるでしょう。

　物件選びのときが最も興奮するときかもしれませんが、この静かな時間を持つことによって、物件選択をたやすくし、納得して住み始めることができるでしょう。住み始めてから、テラスが庭のながめをさえぎる、または、ゲストルームの別棟から庭に伸びる影が気になるようになったなど、購入のときの静かな時間を持つことによって、発見できることがあったかもしれません。じっくり見て選ぶとは、このようなことだと思います。

一戸建て購入過程

　売買契約後は、間もなく物件調査になりますが、通常の調査では、買い手が調査員を500〜1000ドルほどで雇い、図面に基づいた調査を行います。図面が残されていない場合は、調査員が適宜、判断して調査をします。

　一方、売り手は、その地域に関する条例や規則などを記載した書類を揃えて買い手側へ渡します。そして、売り手の費用で測量士を雇って土地の測量を行い、家の位置や広さが明確にされます。近隣との境界線も入念に測量され、実際の土地区画と図面と異なる場合は、近隣との契約合意事項などが必要になります。つまり、

「図面と塀の位置が違っているが、このままで売買します。」

　という、隣家から同意書をもらうのです。不動産エージェントが対応します。

　シロアリ検査は重要です。専門の調査員を雇って、木の壁や家具に痕跡がないかどうか、また、専用の棒で木の表面を細かく叩きながら、音の変化で入念に調査員が調べてまわります。

　これらの物件調査に買い手自らが同行できますし、売買期間中は様々な機会を利用して購入する家を見に来ることが賢明です。購入後のリフォームや修

理、家具の購入などの計画を立てる機会にも利用できます。

　なお、一戸建てが山や丘の斜面、高台にある場合は、地質調査をおすすめします。これは、ランドスライド（斜面の土壌の移動）によって家の傾きや損傷などの可能性を把握するためです。また、背後に山の斜面が迫っている場合の地質調査は落石などの危険性を確認するためです。少しでも不安な点がある場合は入念な調査を再度行う、または、購入の再検討をおすすめします。

　オアフ島以外の一戸建てをハワイの別荘として購入する場合は、売却しやすい地域の物件をおすすめします。売却を視野に入れるのではなく、売却しやすいということは、価値有る地域であると広く一般に理解されているということですから、そのような地域を選びます。ＭＬＳリストを見て、最近売却された物件について、市場に出されてから売却されるまでの日数や過去の売買履歴をご参考ください。

　また、海風や山風は、想像以上に強くなることがあります。山肌が露出した崖や砂地に建てられ、風や日差しを和らげる緑が少ない家は、毎日砂ぼこりに悩まされるかもしれません。乾燥している地域であればなおさらです。中央に山脈が走るハワイの島は、地域によって、大きく気候が異なることをご理解ください。

一戸建てのチェックポイント

　家は、機能性や快適性などが求められ、いろいろな側面から見ることが大切です。頻繁に通う場所、学校や仕事先などへの道のりと距離感を掴んでください。そして、購入検討物件の周辺や地域の雰囲気をチェックしましょう。

　一戸建てに住めは、近隣の人々と関ることになります。周辺の家々の植物の手入れ具合、清潔さ、センスなどを観察することによって、馴染める地域であるのかを判断してください。家々には物件所有者の人と成りが現れていると言ってもいいでしょう。

　購入対象の家を遠めに見ながら、大雨に対処できる道路整備、良好な水はけがあるのか、隣家との距離や覗かれるような家の向きになっていないかを見ま

しょう。

　ハワイは平坦な土地が少ないので、斜面の高台に建てられた一戸建てが多く存在します。傾斜やその角度、土地全体の形を想像して、土地の特徴を生かして安全に建ててあるかどうかを見てみましょう。そして、方角を確認し、家の向きを知って、1日の家の採光の具合を調べてみてください。

　庭については、東屋などの建築物、バーベキューの設備、ジャグジーやスイミングプール、池やテラスなどの庭の設計が適当であるのかなどを見て回ります。植物については、不動産を購入してからでも植え替えができますので、大きな木々のみ確認すればいいでしょう。

　さて、家の中に入って見たときの最初の印象はどうでしょうか。以下のことをチェックしましょう。

- 内装の新しさ
- 多くに使われている材質に対する雰囲気
  （木材の質感のある家、白壁の家、石造りの家などから受ける印象）
- 家の中の空気やにおい
  （涼しさ、冷房の効きやすさ、換気のしやすさ）
- それぞれの窓からの景色
- 間取り
- 部屋数
- デザイン性
- 採光の良さ
- 裸足で歩いたときのフロアーの質感

　生活をした場合の動線が心地いいものかどうかを歩き回って調べてみてください。土地が小さく斜面に建っている家や、段差をデザインの一部としている家は、その段差に疲れを感じないか、または、将来のバリアフリーに支障はないかをご考慮ください。

　特にキッチンスペースの動線の軽さや使いやすさ、キッチンからの視界の良さは、温かみのある眼差しを生み、家族の健康や集いやすい人間関係を築き上げるだろうと考えることがあります。もし、キッチンが重要だとお考えでしたら、広いキッチンや、家の中心になるキッチン、または、家の中を見渡せる

キッチンなどをおすすめします。

　ほぼ購入すると決めたら、さらに細部の利点と欠点を挙げられるだけ挙げてみてください。家の設備について足りなければ、後から設置できるスペースがあるかどうか、リフォームが容易にできるかどうか、また、リフォーム後の質の高さが満足いくものになるかどうかを想像してください。

　一戸建ては、コンドミニアムとは異なり、改装に柔軟に対応できる居住空間ですが、土地の形や場所によって、増築やリフォームに制限がありますので、不動産エージェントと十分に話し合って情報を得ましょう。

〈家のチェックポイントのまとめ〉
- 頻繁に通う場所の把握
- 地域の雰囲気
- 近隣の様子
- 土地の形状
- 水はけ
- 風と周辺の木々
- 家の建て方や土台（隣との距離、覗かれにくい家の位置と向き）
- 庭の植物の大きさや多さ
- 庭のたたずまいや、窓からのながめ
- 家の中
（内装の新しさ、材質、色、景色、間取り、部屋数、デザイン、採光の良さ）
- キッチンの動線や生活の場面の動線
- 五感で感じるもの（におい、騒音、フロアーの質感）
- 家の空気（涼しさ、冷房の効きやすさ、換気のしやすさ）
- 家の内外の段差について
- 細部の利点、欠点
- 設備（スイミングプールやシアタールーム、暖炉）
- 可能なリフォームとその個所
- セキュリティーの確保について

一戸建ての維持費

　主な維持費は光熱費と固定資産税だけですが、地域に共有のセキュリティーがあれば、その費用、そうでない場合は、個人でセキュリティー会社と契約しますので、その費用が必要になります。光熱費の中で、ガスや電気代は比較的安いと言われていますが、石油の高騰で値上がり気味です。水道代は下水道の基本料が＄400ほどかかり、これに水道料金が加算されて請求されます。従って水道代は下水道料金を含めて500ドル前後で、スイミングプールがあれば、これよりも高くなります。また、スイミングプールや庭の手入れ、シロアリの駆除などが経費としてかかります。

　一戸建ての固定資産税は、その額の決定される根拠となる資料が毎年、ホノルル市から郵送されてきます。そして、その後に固定資産税額が通知されます。固定資産税は、築年数、土地や家の広さ、最近売却された近隣の一戸建ての価格、リフォーム年度（改装された年度）などを参考して決定されます。ただ、ホノルル市が、調査員を派遣してくるということではありませんので、豪華な一戸建てとそうでないものが同じ固定資産税額ということがあります。よって、固定資産税額が正確に家の価値を評しているというのではありません。

セキュリティーが確保しやすい一戸建て

　セキュリティーがある地区、セキュリティーゲートにガードマンが常駐している、比較的安全な住宅地については、不動産エージェントにおたずねください。個々の家については、豪華な家がひときわ目立つというのではなく、その地区に溶け込む外観を持つ家であること、複雑な造りの家ではなく、明るく清潔感のある家がいいとされています。

　生活しはじめてからもセキュリティーの対策を立てられますが、その対策を視野に入れて、購入時には、家や窓の大きさ、位置が適当かどうかを確認しま

しょう。

　窓の見通しの良さと覗かれないということとは、矛盾しているようですが、窓の前に視界を妨げない程度の葉のある木々があれば、外からは覗かれにくいですが、中からは外の様子が見渡せるという解決方法があります。

　また、外出しているとわかりづらい家、いつも人の気配を感じさせる家であるということも考えてみましょう。

スイミングプール

　玄関先のヨーロッパ調の噴水、屋内に置かれた水流があるオブジェ、スイミングプールの青さや水面の反射が天井に映し出されて、涼しさやゆとりを感じさせます。ハワイの一戸建ては水の芸術を様々に利用しており、特にスイミングプールとヤシの木の庭は、高価な絵画をしのぐ存在感があります。そして、避暑地の夜の演出に、スイミングプールのライトアップは、欠かせません。

　ハワイの豪華な一戸建てには、庭の景観の一部として、スイミングプールがあるのが当然という認識があり、豪華な一戸建てをスイミングプールが無いというだけで敬遠する買い手がいます。一戸建ての価値は、スイミングプールの有無にも左右されます。（参照「一戸建てに設備を加える」P.124）

オーシャンフロントの一戸建て

　オーシャンフロントの物件はハワイでは最も価値がある物件です。昨今の温暖化や津波などの影響から、オーシャンフロントを敬遠する人がいますが、オーシャンフロントの人気は衰えていません。

　ただ、ハワイには、プライベートビーチという個人所有できるビーチはありません。ビーチは全て公共の場となっていますが、それでもビーチフロントは、最も価値の高いオーシャンフロントです。ビーチフロントの家や土地の多くは、ビーチと敷地部分の境が明確にされ、鉄柵を設けていたり、一段高い位

置までコンクリートで固めて、その上に鉄柵や生垣によって区切っています。

　ビーチではなく、高い位置にあるオーシャンフロントの多くは、人目を気にせずに景色を楽しむことができます。岩に砕け散る波しぶきの上に位置する家や、ボードドック（船着場）がある内海や運河に面した家、特に高台のオーシャンフロントなどは、遠くの海まで見渡せる壮大なながめをひとりじめできる家です。

　ハワイのオーシャンフロントは、遠浅の海が目の前でも磯の香りが気になるということはほとんどありません。オーシャンフロントは高台を除けば、強風であるということもありませんが、潮風の影響で家や車が傷みやすいので、購入の際は、家の外壁や窓枠に至るまで、詳細に調査しなければなりません。また、潮風が当たる庭は限定された植物しか育たないと言われていますが、潮風を和らげるために、植物を配置してあるほうがいいでしょう。念のために地質調査をおすすめします。

第2章 一戸建ての地域選択

　マウイ島やハワイ島の一戸建てを購入して、牧場経営や農業一筋にハワイ滞在を楽しみたいという人、神秘的な自然と景色のカウアイ島で精神修養したいなど、思い描いたことが実現できる土地を見つけましょう。難しいと感じたら、何回か足を運んで、「これだ」という衝撃にも似たインスピレーションを得られるまで、いろいろな場所に訪れてみてください。

　都会の便利さと喧騒をそこそこ楽しみ、自然の恩恵を同時に受けられるのがオアフ島ですが、オアフ島にもいろいろな顔があります。北側は、観光客が少なくなり、地元の人が海を楽しむ場所です。簡素な暮らしを垣間見ることが出来るのどかな土地があれば、高級住宅地のカイルアなど、いろいろな住宅地があります。人口が多いところには大型店舗がいくつかあり、生活には便利ですが、車は必需品です。

　私がおすすめしたいのは、便利なワイキキやアラモアナ周辺に拠点を持って、各方面へ旅していくうちに、長年かけてご自分の居場所を見つけるという方法です。私でさえもまだその旅の途中にいるのだと感じています。

　以下は、日本人が周辺の地域に溶け込み易い閑静な住宅地をオアフ島の中から取り上げました。この地域には日本人が多く住み、不動産としての価値も高く、他の地域よりも売買が活発です。また、生活に便利な地域で、自宅や別荘に適した地区です。

ダイアモンドヘッド地区

　ワイキキの東隣り、カピオラニ公園に隣接したダイアモンドヘッドの南の地域です。オーシャンビューやオーシャンフロントの豪華な家々があり、ワイキ

キに最も近い高級住宅地です。落石の危険のない一戸建てを選びましょう。

ブラックポイント地区

　ダイアモンドヘッドの麓の東には、ブラックポイントというセキュリティーゲートがある小さな高級住宅地があります。この地域の海側は眼下に海原を見下ろす壮大なオーシャンビューで、東の水平線には、ハワイカイのココヘッドが見えます。
　ブラックポイントの丘を海側へ降りていきますと、地区の人々が利用する海水が流れ込むスイミングプールがあります。

カハラ地区

　最も有名な高級住宅街です。閑静なたたずまいで、価格は数ミリオン〜数十ミリオンドルなどの洗練された豪華な家が多くあります。西はカハラモールまで徒歩でいける便利な立地、南側はビーチフロントの家々が建ち並び、東はTHE KAHALAホテルまで続いています。THE KAHALAホテルのとなりにハワイアンオープンが毎年行われるワイアラエカントリークラブがあるのは有名です。そして、山側はワイアラエ地区へと続いています。
　数十年前のことですが、ワイアラエと呼ばれる広い地域に、少しずつ高級住宅が増え、カハラと呼ばれるようになりました。最初に出来た高級住宅地のカハラビーチやカハラアベニューの周辺を人々が注目するようになって、カハラ地区が広がっていったのです。そして、ワイアラエにカハラモールが建設され、平地のワイアラエのほとんどが、カハラと呼ばれるようになりました。カハラになる前のワイアラエが広い地域であったという片鱗を、ワイアラエカハラという呼称の地区や、カイムキまで伸びたワイアラエ通り、ワイアラエカントリークラブの名前に見ることができます。

ワイアラエ地区、ワイアラエイキ地区

　ワイアラエは広い範囲に渡っており、西はカイムキ方面から、東は高台のワイアラエイキまで続いています。ワイアラエイキ地区は、ラウカヒ通りを中心として山の上まで拡がっている高台の住宅地です。山の中腹にはセキュリティーゲートがあり、ピクチャーID（写真つき身分証明書）の提示を求め、この地域に立ち入る車をチェックしています。
　ここは、庶民的な家から豪華な一戸建てまで様々で、オーシャンビューの一戸建ての多くは、THE KAHALAホテルやその周辺を見渡せる壮大なながめのオーシャンビューです。

カイムキ地区、カパフル地区

　カパフル通りは、ワイキキの東に隣接した通りで、アラワイゴルフコースの北側まで続いています。カパフルを取り囲むようにカイムキと呼ばれる地区があり、ダイアモンドヘッドの北側のふもとまで続いています。そこには、KCCカピオラニコミュニティーカレッジという短大があり、学生も多く住んでいる地域です。
　最もリーズナブルな一戸建てがあり、2013年初頭現在は、50万ドル台からです。日系人が多く住み、日本式家屋も見受けられます。古い家と新しい家が混在しており、新しい家は大きく敷地いっぱいに建てられています。長く住み続けている間に家族が増え、便利なカイムキにこれからも大家族が住み続けるために必要になった大きな家です。少し高台からは、ワイキキの夜景が美しく、オーシャンビューの家もたくさんあります。

マノア地区

　ハワイ大学マノアキャンパスの北側に広がる地区で、雨が多く涼しく、緑が多い峡谷です。ところどころに美しいヨーロッパスタイルの白い家々が有り、デザインはコロニアルスタイルと言われています。この地区の特徴ある古い家ですが、1ミリオンドル以上の高額です。マノア地区は、広く大きいので、売り物件が多くあり、おおむね60万ドル台〜1ミリオンドルが主流ですが、土地が広い家は、数ミリオンドルとなっています。

カラニアナオレハイウエイ地区

　カラニアナオレハイウエイとは、ハワイカイ方面へ続くハイウエイの名前です。そのハイウエイの両側に広がる住宅地域です。南の海側は、遠浅の波がおだやかなビーチがあり、そのビーチに隣接したオーシャンフロントの高価な一戸建てがあります。

アイナハイナ地区

　ワイアラエイキ地区の高台とハワイロアリッジ地区の高台の間に位置する地区です。オーシャンビューのながめの一戸建てが多く、派手さはありませんが高台の静かな住宅地です。1ミリオン以上の価格の物件もありますが、比較的庶民的な一戸建てが多く、価格設定は50万ドルからあります。

ハワイロアリッジ地区

　ワイキキの東、カラニアナオレハイウエイを車で走ると、丘の斜面に美しい

家々が見えてきます。絵に描いたような白亜の豪邸もあります。価格は、数ミリオンドルです。

　この地区の入り口にはセキュリティーガードマンが24時間在駐しているセキュリティーゲートがあり、地域の安全を守っています。このセキュリティーゲートや住人専用の施設の整備や維持費はこの地域の所有者負担です。

ハワイカイ地区

　ワイキキから車で東へ40分ほどの位置にあります。広い範囲の住宅街で、西はカラニアナオレハイウエイ地区を過ぎたあたりから、東はハナウマ湾の手前まで広がっています。

　カラニアナオレハイウエイに近い周辺は、運河が広がり、ボートドッグ（船着場）や海沿いを囲んで閑静な住宅街があります。ハナウマ湾に近い地域は、いっせいに開発された地域で、一戸建だけでなく、集合住宅のタウンハウスなどもあり、価格は50万ドル前後からです。

　ハワイカイの南にはポートロックと呼ばれる半島があり、数ミリオンドルの広い豪華な家々があります。また、いくつかはオーシャンフロントの価値有る一戸建てです。

　ハワイカイは、ショッピイングセンターがあり、生活しやすい地区ですが、ダウンタウンやワイキキとハワイカイを結ぶ唯一の道路、カラニアナオレハイウエイは、午前と午後の交通渋滞があり、代替の道路が存在しないことが不便な点です。

カイルア地区、カネオヘ地区

　リケリケハイウェイやパリハイウェイを車で北へ進み、トンネルを抜けると、美しい海が見えてきます。白い砂浜と海の色の美しさで有名なカイルアビーチで、このビーチを好きでこの町に不動産を購入する人が多くいます。西

隣のカイルア地区は、カネオヘ湾を中心として広がっています。そびえたつ山並みが美しいことで有名で、海と山と両方のながめを楽しめます。

カネオヘやカイルアには、閑静な住宅街が広がり、高級住宅もあります。価格は、70万ドルからで、1ミリオンドル以上の物件も多くあります。カイルアやカネオヘには、大型店舗やレストラン街もいくつかありますので、車があれば、不便の無い地域です。

山や丘にある一戸建て地区

セントルイスハイツ地区は、カイムキから山の手へ、知る人ぞ知るワアヒラ州立公園に隣接して広がっています。ワアヒラ州立公園は、背の高い木々が森を作り、野性のニワトリが走り回る自然公園です。その公園のふもとに広がった住宅地がセントルイスハイツです。古い家が多く、60万ドル台から1ミリオン未満です。

ウエルミナライズ地区は、カイムキ商店街の中心の高台から、さらに上の山に広がった住宅地区で、急勾配の坂道と、なだらかな坂道とが縦横に走っており、ワイキキからも急な坂道が見えるのが、この住宅地です。この地区にも古い家が多く、価格は60万ドル台からで、僅かな新しい家は、1ミリオン以上の価格です。

ハレコアは、一戸建て地区の中では、最も急な斜面の住宅地で、ハレコア通りを中心に広がり、少し上っただけで、眼下には素晴らしいオーシャンビューが広がり、その上の多くの一戸建ては、ダイアモンドヘッドのクレーターの中まで見えます。地区には、共用の施設として、子供の遊び場や集会所、スイミングプールなどがあります。

タンタラスは、ホノルル市を見渡すことのできる観光スポットですが、バスが通り、その通りの両側には、一戸建てが立ち並んでいます。バス通りの途中

からは、家がまばらに建っています。これらは、通りからは見えにくく、木々に隠れた自然の中にあるたたずまいが多くなっています。

　ヌアヌパリは、ダウンタウンや日本大使館から北へ車で15分ほどのところにあるクイーン・エマ・サマーパレス（クイーンエマが、夏の避暑に利用した離宮）の周辺です。
　雨が多く、涼しい過ごしやすい気候で、緑の山や森に囲まれています。このヌアヌパリからさらに北に行きますと、パリハイウエイの両側にはオールドパリと呼ばれる住宅地が広がり、70万ドル台からで、広い家や新しい家は数ミリオンドルです。
　パリハイウエイと平行に走る通りの先端には、カイルアやカネオヘ湾が臨める有名な観光スポットのヌアヌパリ展望台があります。

第2章 一戸建て売却

家を売却するときに不動産会社がすること

　不動産エージェントは売却希望の家を見に行きますので、まず、ご希望をお知らせください。売却希望価格、購入したときの価格から希望の利益、今後の最適な売却スケジュール、リフォームなどの計画などです。

　不動産エージェントは、物件所有者の希望やリフォームによる価値を高められる余地などを検討します。また、最近売却できた同様の物件のＭＬＳ情報を参考にし、物件所有者と話し合いながら売却価格を決定します。

　そして、ＭＬＳに載せるための必要な情報を物件所有者から得て、家の写真の準備をします。デザイナーやカメラマンを伴って、物件を見に行き、その場で写真を撮る場合があれば、デザイナーが準備をしてから行う場合があります。

〈デザイナーやカメラマン〉
　一戸建ては、ことばの説明よりもＭＬＳ売り物件情報に掲載されている写真の良し悪しが、大きく左右すると思います。見た目のよくない写真や写真が無いＭＬＳ情報は、不動産会社に売る意欲がないと言えるかもしれません。

　最良の写真を掲載するために不動産会社は、デザイナーとカメラマンを使います。

　デザイナーは、写真撮影できるように準備したり、オープンハウスのときには、品々のディスプレイや、必要によっては適当な家具をレンタルし、見栄えよい内装にしてコーディネイトします。デザイナーの技量は、家の良さを最大限に引き出すセンスと能力があることですが、カメラマンは、その最高の顔を撮るために以下の技量が求められます。

- 不動産の知識があり、その物件の高く評価される部分を見極められる。
- 内装の良さを最大限に引き出して撮影する能力がある。
- 不動産専用のＭＬＳ情報をにあわせたデジタル写真を加工する高い技術がある。

不動産会社が内部に、デザイナーやカメラマンを抱えている場合にはさらに以下のようなメリットがあります。

- 既に不動産会社や不動産エージェントの方針を熟知し、信頼して任せられること。
- 密に連絡が撮れ、意見を出しながら、一致協力して業務をこなすことができる。
- 時刻、時間や枚数制限にこだわることなく、写真撮影できること。

などです。

「制限にこだわらない」というのが必要であるのは、家や部屋によって、最適な撮影時間があり、納得いくまで幾度かに渡って撮影することが重要だからです。

ハワイらしい晴れ晴れとした陽をあびた家、夕刻の撮影では、明かりに照らしだされる家の外観、スイミングプールの照明とデザインされた庭を幻想的に映し出します。同時に開け放した窓によって、屋内の照明の良さも表現できます。また、自然の採光を多く取り入れた家は曇りの日限定の撮影も必要です。

〈いい写真とよくない写真〉

すっきりとして美しいく見える内装写真は、部屋の正面を広角で撮る、これがプロの写真だと思います。部屋の広さや位置関係もよくわかりますし、洗練さを感じます。一方、部屋の角に立って部屋全体を撮ることは、誰にも簡単にできますが、部屋の角の写真ばかりでは、出来上がったＭＬＳの写真のページは、ごちゃごちゃとして、いい印象を与えません。部屋の角を写真の中央に持ってきてもいい例は、部屋の中と庭の景色を１枚の写真に入れるときだけだと思います。（写真参照、ＭＬＳのいい写真とよくない写真）

以上の経験から当社では、不動産会社に長く勤めたり、不動産専門に技量を高めてきたデザイナーやカメラマンを社内に採用しています。担当の不動産

デザインがされていない写真

デザイナーがコーディネートしてプロが撮った写真

第2章

MLSのよくない写真

MLSのいい写真

部屋の角を写真の中央に持ってきてもいい例

　エージェントが写真を選択しますが、出来上がった写真は、さらにデジタル加工処理を施されて、ＭＬＳの売り物件情報のサイトにアップロードされます。
　写真撮影の費用は、通常の売買手数料に中に含んで対応し、特別な費用は発生しませんが、不動産会社によって異なりますので、売却の際にご相談ください。

第2章 土地を購入

土地を購入して一戸建てを建てる

　建てる家の最低条件や理想的な間取りをいくつかデザインし、それらに合う土地を購入して、理想的な一戸建てを手に入れましょう。

　土地購入の場合は、一戸建ての購入と同様に測量や地域の条例、区画の確認が必要となります。

　購入後は整地を行いますが、家の建つ位置を庭よりも心持ち高くして、平らになるのが理想的です。ハワイの平地は降雨量は少ないですが、湿気がないということではありません。晴れていても山の雨が風に乗って運ばれてきます。平地の住宅密集地では風通しのいい位置に家を持ってくるのがいいでしょう。また、土地の形状によっては大雨になった場合の水はけを考えて、最適な整地を工事業者へ指示しなくてはなりません。ハワイは、大雨になることが稀にありますが、十数年前には、数ヶ月間、雨が降り続いたということがありました。土地を支える大きな木々や植物がなければ、雨による土地の侵食を防ぐためには、しっかりと土台を固めることをおすすめします。

　もし、丘や山の土地を購入し、土地の大きな傾斜が理由で、段差のある造りが必要な場合は、さらなる整地をして、整地した土地の形状を維持するような工事を行います。

　家の建設にあたっては、建築のライセンスがある会社が、ホノルル市に設計図を提出し許可をとっておくことが必要です。地域の条例によっては、その地域の管理組合へも設計図を提出をしなくてはならないという場合があります。これは、地域にふさわしい一戸建てなのか、隣家の家のながめをさえぎるような建て方をしていないかを確認するためです。

母屋とは別に貸家を建てる

　貸すことを目的とした別棟、いわゆる離れを一戸建ての敷地内に建設するにあたっては、やはり設計図をホノルル市に提出して許可を取る必要があります。土地を購入する場合は、購入前の時点で確認するのがいいでしょう。別棟のキッチンの設備については、フルキッチンが許可されていないということがありますので、こちらも確認を要します。この場合のフルキッチンの定義とは、冷蔵庫、水道と流し（シンク）、コンロがビルトインされた調理台の３点がそろっていることですが、３番目のコンロの調理台を、ポータブルの電気コンロに変えるということで、フルキッチンを避けることもできます。
　また一戸建て地区では、短期での賃貸が許可されておらず、長期賃貸の住宅用に限定されている地域がありますので、土地の購入前に確認しましょう。
　なお、Ｂ＆Ｂ（ベッドアンドブレックファスト）という宿泊と朝食をサービスする、日本のペンションのような施設を　この別棟を使って経営したいという問い合わせがときどきあります。2013年現在は様々な場で議論はされていますが、許可されていないということでご理解ください。

土壌調査

　住宅用地だけでなく、農地、事業用地などの特殊な土地を購入する場合も、購入しようとする土地がどのようなものであるのか、買い手は知る権利がありますので、専門家を雇って調査を行います。通常は買い注文を入れて売買契約してからですが、買い注文を入れる前でも、もし、売り手が許可すれば、調査をすることができます。
　また、標高や山の斜面の向きによって、日照や雨量が様々ですので、用途に適した気候であるのかを調査して、その結果によって、購入の手続きをすすめるかどうかを判断します。コーヒー農園、果物農園などの農地や牧場など気候用件を必要とする場合に有効です。

オーガニック栽培（有機農法）をしたいと考えて、調査をせずに農地を購入し、基準以上の農薬の含有が原因で、何年も土地を寝かせなくてはならないというような被害を防ぐことができます。

　また、地下が固い溶岩で覆われている土地についてはハワイが火山島ならではのことですが、調査を行って陥没や空洞を発見したら、対策を検討しなければなりません。溶岩と溶岩の間に存在していた土が、雨や地下水の影響で流れ落ち、大きな穴となって残ったものが空洞ですが、建設する上物や土地の用途によって、この穴を土で埋めるのか、コンクリートで埋めるのかという選択をして整地をする必要がでてきます。また、沿岸のさんご礁で覆われた土地は、溶岩の土地と同様の整地が求められます。ワイキキとその周辺の土地が、さんご礁で覆われているということは有名です。建設後にいくつかのコンドミニアムは、傾きが生じて、あとから手を加えて水平にする修正工事が行われたということです。

　ゴルフ場を購入して、同じゴルフ場としての営業する場合でも、土壌調査の結果、緑に散布された薬剤が好ましいものでないと判断したり、買い手の許容を超えた結果が得られれば購入をキャンセルすることができます。

　また、工場やガソリンスタンド、車修理場などであった土地は、汚染されていると予想されますので、土壌調査を行って、もし汚染があれば、その土壌の処理をどのようにするのか、売り手と買い手で交渉する、または、購入をキャンセルすることができます。以上の土壌調査や気候調査の費用は買い手の負担となります。

　さて、日本では、ビル建設途中に遺跡がでてきて、調査に時間をかけるということがあります。ハワイの場合も、原住民の遺骨がでてくることがあり、遺骨を収拾してハワイ流の弔いが必要になります。広い土地開発をする場合は、このようなハワイ特有の状況を想定して、ハワイの事情に詳しい現地の建設業者を雇うことが必要になってきます。

土地を見ないで購入することは

　土地を投資で購入する場合でも、土地を購入するときの通常の調査、周辺地

域の様子、生活面における立地などを調べるべきだと思います。また、開発業者の案内するとおりであるのか、実際に土地を見て検討すべきでしょう。

── 過去に起きた事例 ──

　値上がりを期待して売却を考え、数十年前に購入した土地について、当時の開発業者へ価格や売却の状況をたずねると、
「家を建てると高く売れるが、土地のみの売却は時間がかかる。」
　と言われました。土地はそのような傾向にあり、あながち間違いではありません。ただ、その土地の衛星写真を見る限りでは、まばらに家が立つだけで、数十年経っても住宅街とは程遠い草原です。
　数十年前の売り出し当時にも、日本で一時話題となった原野商法ではないかという疑問を持っていました。当時の開発業者の宣伝写真には、整備された立派な道路と見晴らしのいい景色が映っており、将来の住宅地を想像させるような素晴らしい名前がつけられています。
　ですが、特におすすめできないのは、火山の近くにあり、溶岩に呑み込まれる恐れのある地域だという点です。溶岩が道路をせき止めたり、家を呑み込むシーン、落石が人家を直撃したというニュースなどは、ハワイに長く住んでいる人には特に心に残り、自分が住めない土地を人にすすめられないという思いがありますので、売買のお手伝いをすることはできませんが、昨今ではインターネットで、現地の不動産業者を探せますので、売りに出してもらうのがベストだと思います。売りに出すにあたって、価格によっては、全ての条件を納得して購入する人がいるかもしれません。

　夢を追って、日本の多くの人がハワイに土地を購入しましたが、固定資産税を数十年払い続けて、高値になったはずの土地の売却を決断したときにはじめて、原野や溶岩だらけの土地の価値を知るに至るというのは、やりきれないものです。そうならないためには、実際の土地を見て、住宅地になる可能性や価値が高まる将来性を調査した上で購入に踏み切りましょう。

第2章 土地利用規制（ゾーニング）

　全ての土地には土地利用を制限する規制があり、ゾーニングと呼ばれています。これは、過剰な開発を退けるため、そして、自然や景観を守って周囲の調和を維持するための法律です。

　土地利用規制には、多くの規制があり、家を経てる場合は、建設規制になりますが、建ぺい率のような規制や道路から建物までの距離が定められたりしています。

　低層階のアパートしか建てられない土地規制がある土地には、コンドミニアムを建てることはできませんし、住宅地に隣接した土地であっても、農地の利用しかできない土地であったり、広大な土地でもたった一軒の家を建てる許可しかなかったといった場合があります。ハワイ特有の規制では、ながめを楽しむ権利を平等に与えるために、一戸建ての高さの上限が決まっているという規制もあります。

　土地を購入する際には、その土地の規制を調べて、目的の土地利用が可能であるのか確認しましょう。

　また、店舗や商業物件を購入して開業する場合にも、土地利用規制によって、ビジネスの種類が規制されていますので、どんなビジネスの営業が可能なであるのかを調査する必要があります。土地利用規制の枠ではない別のビジネスを営業するには、新たに申請する必要がありますが、申請が許可されるという保証はありません。よって、同業のビジネスを営業している商業物件や土地利用規制に即した物件を購入するのが賢明です。

第2章 商業・店舗物件

日本のビジネスがハワイを変える

　日本のビジネスは、アイデア豊かで洗練されていますので、ハワイに新風を吹き込んでいます。退屈していたハワイの人々には大きく歓迎され、そこそこの利益で御の字という受身的な感覚のハワイのビジネスには、電気ショックを与えます。

　店が立ち並ぶハワイの町を見渡しますと、新開発地以外は、立ち遅れており、ワイキキの路地を一歩入ったところでさえ、古いアパートや手入れされていない空き地があり、治安に不安を抱くことがあります。

　日本のビジネスが、もっとハワイへやってくれば、日本のビジネスの洗練さが、街を大きく変えていくだろう。景観や治安を向上させ、観光客が増えて経済にも貢献し、ハワイが「のどかな島である」という遅れたイメージも払拭してくれるだろうという期待があります。

　ハワイは、アメリカの中で、ミリオネアーが最も多い州のひとつです。豊かな人々は、青い海と緑の山を楽しむだけでは足りずに、他の州へ足を運び、彼らの余暇費用はそこへ落とされます。ハワイへ来る観光客からの利益が外へ持ち出されるという皮肉な資金の流れが、益々ハワイを「のどかな島」に定着させているのかもしれません。

　ハワイの住人も楽しめる日本のビジネスを多く受け入れ、日本の人々が投資しやすい環境を整えることが、ハワイ州の財政難を克服することであり、観光地として磨きをかけることになると思います。日本の攻めのビジネスが、ハワイに数多く入ってくることを願っています。

店舗・商業物件の取得形態の違い

　店舗・商業物件は、その不動産形態の違いでは、土地所有権つきと借地権つきの２種類があります。簡単に言いますと、物件を購入して家賃を払わずに営業することと、場所を借りて家賃を払って営業することの２種類です。

　土地所有権つきは、土地やビルを購入して建設許可をとり、ビルを建設したり改築を行い、オフィスや店舗ビルにして貸す側になることができますし、または、小さなオフィススペースを購入して、土地規制にあったビジネスを開業することができます。

　次に、家賃を払って賃貸しながらのビジネスの開業ですが、いくつかの形態があります。まずは、「空き店舗の賃貸」と「居抜き」の賃貸の２種類を説明します。前者の純粋な賃貸は、モルタルの壁やコンクリートに自分で内装を手がけ、契約終了時には、元に戻して退室するという賃貸が多くなっています。保証金の額は様々で、多くは大家さんの条件やテナントの資産次第で決定されるので、確定申告の写しや資産証明の英語翻訳したものが必要になります。

　後者の居抜きは、店の営業権を購入して賃貸費用を払いながらビジネスをします。以前の店のビジネスを引き継いだり、同種のビジネスを開業することが多くなっています。レストランの例では、店の名前、内装や料理人、メニューもそのままで、顧客が知らない間に経営者だけが入れ替わって営業するというのがビジネスを引き継ぐ典型です。好調な売り上げの店をビジネスモデルも含めて高く買い取ってもらい、そのままバトンタッチして大きく儲けるというチャンスがあります。このように好調のうちにビジネスから引退したい、もっとビジネスを広げたいので大きなスペースに移転したい、または反対に、思ったようなビジネス展開ができないので撤退したいとなどが売却の理由です。大家さんとの賃貸契約期間はあるものの、契約期間終了前でも、ビジネスを売却できれば、いつでもビジネスを辞めることができます。

　このような居抜きではなく、純粋な賃貸で、もし、３年契約をした場合は、通常は３年間は家賃を支払わなくてはなりません。また、レストランを開業する場合は、賃貸開始と同時に内装や設備をレストラン専用に準備する時間と費

用がかかります。また、レストランで酒類をサービスする場合は、リカーライセンスという酒類をサービスする許可を取得しなければなりません。これは、専門の弁護士が申請して行い、取得までに時間がかかります。半年以上も待たされることがありますし、場合によっては、リカーライセンスを取得できない場合があります。リカーライセンスが取得できてないレストランは、客が酒類を持ち込んで、食事をします。

　一方、居抜きの賃貸は、次のレストランの経営者にバトンタッチされるという手続きですので、リカーライセンスは、そのまま引き継がれますので、ライセンスを申請することは不要です。

　居抜きの物件の売買は、不動産会社が仲介します。売買契約は、売り手（ビジネスを営業している経営者）と結び、物件所有者（大家さん）と交わす賃貸契約があり、その両方を同時に行います。家賃を支払いますので、家賃額や契約期間、契約期間終了時の更新可能の有無なども賃貸契約に記載されます。また、購入しようとしている物件が営業中の場合は、土地利用規制に基づいたビジネスであることを売買途上で開示されます。そして、売買資金は、物件所有者（大家さん）ではなく、ビジネスの経営者に渡ります。賃貸ですので、安いと思いがちですが、数万ドルから１ミリオンダラーを超える売り物件があります。

　大きなスペースや好条件の売り店舗は高額ですので、初期費用がかかりますが、買い取った金額以上で売却できる可能性がありますので、投資した資金が無駄にならないビジネス展開を目標にしなくてはなりません。

　なお、純粋な賃貸であっても、大家さんの許可を得れば、または、賃貸契約にその旨の記載があれば、契約途中でビジネスを売りに出せる場合があります。また、居抜きの店舗・商業物件を購入して、同じ業種のビジネスだけでなく、他のビジネスを開業できる場合がありますが、物件やビジネスの種類によって、複雑な条件がでてくる場合がありますので、店舗・商業物件に詳しい不動産エージェントにご相談なさることをおすすめします。

居抜きの売り物件情報

　売り物件情報は、通常の不動産と同様にＭＬＳで調べて情報を得られます。美容室、オフィススペース、ビルやホテル、ゴルフ場など、様々な売り物件の情報を得られます。また、ＭＬＳリストにはでていない売り物件については、不動産エージェントにおたずねください。公には売りに出したことを知られたくないというビジネスや、売却する必要はないが、もし、高く売却できるなら、売りに出したいというビジネスは、ＭＬＳリストにはでていないからです。

　もし、理想の物件が見つからないときは、時期を待つ、または、条件を削って妥協するということになりますが、場所や物件よりもアイデアとセンスが重要だと思います。一昔前ですが、有名ブランドがカハラショッピングモールに開店したときには、ワイキキの観光客が大挙して押し寄せたということがありました。人々は欲しいものへは場所を問わず集まってきます。また、ハワイは小さな島ですので、素晴らしいビジネスの情報が広がるには多くの時間を要しないという利点があります。観光客だけでなく、現地の人が常連客として訪れるようなビジネスが軌道にのりやすいと思います。

店舗・商業物件のライセンス

　購入する店舗・商業物件のライセンスの有無が問題になることがあります。ビジネスの業種、そのサービスの種類によって、市の許可を得たライセンスが必要となります。たとえば、レストランのリカーライセンスに関しては、ワインとビールのみのサービス可能なソフトリカーのライセンスや、全ての酒のサービスが可能なリカーライセンスがあります。

　リカーライセンスのないレストランへは、お酒の持ち込みが自由ですので、かえってリカーライセンスの無い店を好んで行くという客が多くいます。よっ

て、リカーライセンスの有無が必ずしもレストランの運命を決定するということではありませんが、展開するビジネスに必要とするライセンスが取得できる可能性、または、取得できる条件と設備を整えられる店舗・商業物件の購入をおすすめします。そして、購入後に申請してライセンスを取得します。ライセンスも含めた具体的なビジネスのアイデアをお持ちでしたら、不動産エージェントにご相談ください。

ハワイでビジネス開業と投資ビザ

　日本にあってハワイには存在しないビジネスを発見する機会は多く、アイデアが浮かぶという話をよく耳にしますし、日本人のハワイへの貢献度は高く評価されており、ハワイは日本のビジネスを受け入れる土壌がありますので、ビジネスチャンスは大いにあると思います。
　ハワイでビジネスを始めて、移住やアメリカへの足がかりとして計画を練っている日本の人が増えていますが、ビザを取得することがカギとなります。
　居抜きの店舗・商業物件を購入する資金は、投資ビザを取得する際の投資金額となります。成功裡に投資ビザを取得した物件の金額は様々で、大きな投資は商業ビルやホテルを購入したり、小さい投資では10万ドル以下で既存のレストランを購入して日本食レストランをはじめた方もいます。一般には、数十万ドル必要だといわれている投資ビザですが、ビジネスプランによって、投資金額はまちまちです。また、アメリカに不動産を購入しただけではビザが下りませんが、いくつか購入した不動産の管理会社を設立し、アメリカ人を雇ったことによってビザが下りた例があります。
　ただ、確実に投資ビザを取得できるという保証はありませんので、
「投資ビザが下りなければ購入をキャンセルする」
という条件を売買契約書に記載することが重要になります。
　なお、2013年現在は投資ビザからの永住権取得はできませんが、状況が変わることがありますので、移民法について詳しい専門家にご相談なさって情報を得てください。

第2章 ホテル売買、コンドミニアム建設

ホテルの購入

　ホテル経営が全くはじめてであっても、ホテル売買に精通している不動産エージェントを雇って既存のホテル購入し、ホテル専門のコンサルタントを雇えば、ホテルビジネスをゼロからスタートすることは可能です。

　コンサルタントは、経営のどの部門を強化すべきであるのか細部に渡って分析します。客室占有率の改善を得意としますが、レストラン部門が弱いとわかれば、メニューにまで分析が及びます。また、ホテル購入手続き中にもコンサルタントが、購入対象のホテル経営についてのレポートを作成して、購入に値するホテルであるのか否かの判断資料を買い手に渡すことができます。そして、購入後には、あなたの経営戦略と理念を全社員に徹底するために、忠実で優秀なゼネラルマネージャーを選定しなくてはなりません。ゼネラルマネージャーの技量をどの点に見るかということについては、コンサルタントの助けが必要になるでしょう。また、コンサルタントは、ホテルに実際に赴いてウィークポイントを見抜き、社員の人選と教育、セキュリティー、経営、全ての改善の可能性について調査、計画を立案できます。

　ハワイのホテルをご購入検討でしたら、以下をご参考ください。ホテルの購入は、買い手によっては、単なるそのホテルのブランド名を購入するのが目的であったり、余剰資金の投資先という理由もあります。しかし、一般的には、ホテルの購入はそのホテルのビルだけでなく、その経営と展望を購入することになります。また、ホテルの購入は全てを引き継ぐ場合とそうでない場合があり、大きく分けますと、以下のようになります。

1．所有者と管理運用会社が異なるホテルを購入し、管理運用会社はそのま

まで、所有者のみが変わる。
　　　（管理運用会社は有名ホテルチェーンの名前が多い）
2．ホテルの管理と運用、経営の全てを新たな所有者が行う。ホテルの名前も変わり、新たなホテルが誕生する。
3．有名ホテルチェーンが、他のホテルを買収してホテルチェーンを大きくしていく。

　1．は、名前も経営も引き継ぐ形で、世間の人々が知らない間に所有者が変わって営業が続けられます。2と3は、新たなホテルが誕生しますが、一部に名前をそのまま残したり、ツアー会社との契約は継続されたり、働く人も継続して雇われたままというのが一般的です。
　では、不動産エージェントがどんな点で、どのようにホテルビジネスに関わるのかをご説明しましょう。
　まず、売買途上において不動産エージェントの重要な役割は、ホテル側へ必要な情報開示を求めます。
　1、経営収支報告書
　2、月例客室占有率
　3、各部門別報告書
　4、セールスレポート
　5、今後のツアー会社との契約
　これらのホテル側から提供された情報についての分析が重要となります。その分析によって、ホテルの経営状態を知って購入後の経営に役立てるのです。これらの書類を分析して、理解すべきことは、
　1、将来的な可能性
　2、経営が順調であるのか
　3、購入価格の妥当性とホテルの価値
　4、優位性と改善すべき点
　5、理想的な購入後の経営について
　6、現在のハワイのホテルビジネスの現状と対応について
　などです。また、不動産エージェントは、ホテルの調査を行います。

通常の不動産では、物件の詳細調査を行いますが、ホテルの場合は、分野に分けて、それぞれの専門分野のエンジニアを雇って調査を行います。建築専門のエンジニア、環境専門のエンジニア、ビルと周辺の安全専門のエンジニア、機械系統専門に点検するエンジニアなどです。購入後に不具合が見つかるということが無い様にしなくてはなりません。

　また、ホテルの買い手がハワイの弁護士の人選について詳しくない場合は、不動産エージェントが、弁護士を選定する必要があり、弁護士には売買契約のいたるところで携わってもらいます。弁護士についてもホテル売買に精通している人が望ましく、ホテル経営のみならず、ビジネスの多くの場面で弁護士が役に立ちますので、時期と条件によって、適当な弁護士を雇います。ホテル購入後にもそのホテルの事情に応じた弁護士も雇わなくてはなりません。たとえば、ホテルの従業員に労働組合があれば、労働組合問題に強い弁護士を雇います。

　ホテル購入の最も最初の段階では、ホテルの売り手は、まず、購入希望者が誰であるのか知るために、買い手側の情報開示、そして、購入と経営に十分な資産の証明を求めます。それにより、ホテルの売り手は、買い手が本物であると理解し、ホテルの名前を開示します。ホテルの名前が不明な段階で、資産の開示を求められることに難色を示す買い手の理由のひとつに、情報を開示しても適当なホテルを紹介してもらえないのではないかという疑念です。ですが、不動産エージェントは、まず、買い手の条件を確認し、その条件に合うホテルが無ければ、先へは進みません。また、ホテルが、売却希望であることを知って、買い手を求めているのです。ホテル売買に精通している不動産エージェントは、売却希望の多くのホテルの情報を握っていますので、もし、購入対象のホテルが決定していない場合は、条件をお知らせください。たとえば、ハワイのオーシャンフロントのホテル、アメリカのカジノホテル、経営がいいのであればどのホテルでもいい、などの条件です。

ホテルの売却

　まず、弁護士を抱えている場合は、その弁護士に売却の意思を伝えます。当社もそのような弁護士、または、ホテル経営者から直接、間接的に情報を得ています。そして、ホテルの所有者からみれば、買い手は、あたかもにおいをかぎつけるようにやってきます。そのように感じるのは世間には、ホテルを売りに出していると知られていないからです。知られてしまえば、経営不振ではないのか、何かホテルに問題があるのか、といった疑心暗鬼を招くものです。また、上場企業の場合は、株価にも影響します。よって、売却の公表はせず、買い手が現れれば、買い手の情報開示を求めて、買い手が本物であることを認めてから、ホテルの名前を買い手に伝えます。

　前後しますが、ホテルの名前を買い手に伝える前、つまり、最も最初の契約では、売買が成立しなかった場合でも、ホテルの名前や情報を漏らさないという契約が結ばれます。この契約に違反しますと、単に契約違反に問われるだけではなく、インサーダー取引の法律に抵触しますので、ホテルの売却情報が世間に流れることはほぼ無いのです。

　一般には、ビジネスを高く売却するためには、経営が順調な状態が好ましく、売却益は経営に努力してきた報いといえるべき集大成です。経営を順調にするのは、経営分析や改善、ホテルに働く人々の適切な人選なども重要ですので、ホテルの購入の段階から、高く売却するための戦略は始まっていると理解して、慎重に不動産エージェントを選んでください。

開発業者としてのコンドミニアム建設

　コンドミニアムの建設を計画し、不動産市場の上り基調のときに建設を開始し、完成後に不動産ブームが訪れるならば最高のタイミングです。しかし、不動産ブームの真っ只中に土地を購入した場合は、コンドミニアム完成後には価格下落を覚悟しなくてはなりません。価格下落を前提にして計画を推進するの

か否かでは、大きく状況が異なるでしょう。広い土地を購入して建設のタイミングを待つことは、土地の維持に多額の経費がかかり、投資した資金も眠っているということになります。このようなリスクを考慮して、土地購入と計画推進の時期を慎重に選ばなくてはなりません。

まず、ハワイの不動産ブームは8年から10年ぐらいの周期でくるということを理解し、最近の底値から何割の上限範囲であるなら買い時であるという目安をつけてください。ワイキキやその周辺の土地は、東京のオフィスビルが林立する土地と同じように価値があるので、時期を選べば、おおむね外れはありません。

ただ、ハワイという土地柄は特にながめに価値がありますので、ながめを確保できる土地選びが重要となります。ロングステイやバケーションレンタル、ホテル貸しができる用途が広いコンドミニアムは、ながめの付加価値も重要視されますが、現地の住宅用なら、その度合いも低くなります。

周辺が低層階の古い建物が立ち並ぶ土地は、新たなコンドミニアムが周辺に建って、ながめがさえぎられる可能性があります。そのような状況になれば、物件の価値は大きく落ちますので、オーシャンビュー、開けたマウンテンビューが将来的にも確保できるような土地を探しましょう。

既に開発された地域、新たなビルが建たない土地というのは、たとえば、アラワイ運河沿いや、公園沿い、また、コンベンションセンターのような新しい施設があるなどですと取り壊して高層のビルが建つ可能性は少ないと言えます。周辺のコンドミニアムのビルが建つ可能性や空き地の土地利用規制については調査できますので、不動産エージェントにおたずねください。

建設にかかるコストは、建設資材や人件費となりますが、建設資材の需要は、時期によって価格が大きく変動します。過去の事例では、アメリカのハリケーンカトリーヌ襲来後の都市再建や中国の建設ブーム時にはアメリカの建設資材が高騰しました。そして、その時期には、資金回収が見込めるラグジュアリーコンドミニアムの建設が多く、2ベッドルーム以上が主流でした。よって、ステュディオや1ベッドルーム、アフォーダブル（中間価格帯の住人専用）コンドミニアムの全体の数は増えていませんので、需要のあるアフォーダブルのコンドミニアムの建設計画が発表されたときには、即日完売、購入希望

者が殺到して徹夜組も出て並んだということがありました。

　もうひとつ、コンドミニアム建設において視野に入れなければならないことは、別の大きなプロジェクトの有無です。と言いますのは、ハワイには、建設業者がいくらでもいるということはなく、大きなプロジェクトがあれば、必要な人材や資材調達の確保が厳しくなりますし、建設コストにも大きくかかわってきます。よって、他の建設プロジェクトの時期を調べて、着工時期を調整するという計画立案が必要となりますし、アメリカ本土の開発業者や建設業者との提携が必要になることがあります。

　先般の説明のとおり、土地を購入してのコンドミニアムの建設にはリスクがありますが、もし、同じ資金で既に運営されているホテルや商業ビルを購入してコンドミニアムにするということも可能ですので、いろいろな投資形態を模索してください。売却希望のホテルが、ときどき市場にでてきますので、不動産エージェントにおたずねください。（参照「商業・店舗物件」P.154）

　ホテルを全面的にリニューアルをして、コンドミニアムとして売りに出されたビルがワイキキにはいくつかあります。全戸を売りに出す場合や一定の客室数を残して他のユニットをコンドミニアムとして売却し、ホテルとしての営業を続けることができます。いわゆるホテルコンドミニアム、コンドテルというものが出来上がります。売却の際は、不動産会社を指定して、売り手の不動産エージェントになってもらい、市場に知らせて売りに出だします。

　さて、ビルを建てる場合は、市の建設許可が必要です。ホテルを購入する場合でも市の条例や消防法などに適合しているかどうかの確認、そして、売買契約の詳細な部分については、弁護士を雇います。不動産エージェントは、物件選びの手助けや売買手続きのセットアップなどを行います。

第2章 コンドミニアムとは

　コンドミニアムは、日本でいうところのマンションですが、ビル全体を指す場合と、その一戸を指す場合があります。また、高層の住宅用のビルをコンドミニアムと呼んでいますが、具体的な基準はなく、低層階のアパートという外観でもコンドミニアムと呼ばれ、一戸ごとに別々の物件所有者が存在して、売買されるビルがあります。
　ワイキキのリゾートマンションタイプは、南国風にデザインされ、広いロビーやスイミングプール、バーベキュースペースなどのコミュニティースペースが用意されていますが、住空間だけのシンプルなコンドミニアムもあります。
　通常はコンドミニアムを商業目的では所有できませんが、同じビルの低い階や隣接したビルにオフィス用スペース、レストランなどの店舗を設けているコンドミニアムや、ワイキキのセンチュリーセンターなどのようにビル全体にオフィスと住空間が混在しているコンドミニアムがあります。

ビル管理費に何が含まれるのか

　「ビル管理費が高いことが、ハワイのコンドミニアムの最初の印象だ。」と語るお客様がいらっしゃいました。全くその通りかもしれませんが、ビル管理費によって、どんなメリットがあるのか理解すれば、ビル管理費の金額も納得できるかもしれません。

〈光熱費〉
　多くのコンドミニアムでは、このビル管理費の中に水道代（水と給湯）や、

電気代、70チャンネルほどのテレビのケーブル代が含まれています。2008年の原油高によって光熱費とともにビル管理費も大幅な値上げを余儀なくされました。

　ビル管理費に光熱費が含まれていることの是非は意見が分かれるところです。賃貸している人や自宅にしている人には、支払いの手間が省けますが、ハワイ別荘として所有している人には、利用しない時期にも同じ額のビル管理費を徴収されるというのは、納得できないかもしれません。

　また、ビル管理費を下げるために、所有者の集まりである管理組合が検討して、部屋にいない間は、エアコンや電気を消すなどの光熱費節約を全戸で試みるというコンドミニアムが多くなっています。

〈セキュリティー〉

　ガードマンが24時間常駐や、鍵がないとビルの敷地に入れないセキュリティードア、監視カメラなど、これらの維持費が、ビル管理費に含まれています。

　ガードマンの存在自体が外部からの侵入者を牽制することができますので、訪問販売や知らない人が訪ねてくることはほとんどありませんが、もし、見知らぬ人がドアをノックしたら、ガードマンに連絡して対応してもらいます。何か起こったあとに監視カメラの画像を確認するのではなく、リアルタイムで監視カメラのモニターをガードマンが見ているというセキュリティーも多くあります。

　そして、近隣のトラブルも事件を招きますが、騒音がひどい場合は、ガードマンが行って指導し、改善しなければ、ガードマンが警察を呼びます。（近隣トラブルの初期段階で警察が介入するのは効果絶大です。）セキュリティーの良さもビル管理費が賄っています。

〈快適に暮らせる環境造り〉

　ビルのクリーニング、各階の分別ゴミの改修、個々の部屋へ定期的に行われるセントラルエアコンのフィルターの点検、害虫駆除のペストコントロール、ジムのマシンの買い替えや、水漏れを起こす水道管の取替え、スイミングプー

ルの維持費、共有部分に置かれた植物や瑞々しい花々などにもビル管理費が使われています。

〈コンドミニアムの価値の維持〉
　何十年もの長い期間で資産価値を比べた場合、賃貸の利回りを計算して、はじきだされた数字が同じであったとしても、中古で売りやすいか否かでは、資産価値に雲泥の差がでてきます。
　新築と同様の外観を持つ中古物件が、中古というだけで価格が低いということはハワイではありません。何十年経っても美しければ中古でも売りやすく資産価値があります。その資産価値の維持にビル管理費が役立っていると考えてもいいでしょう。
　ビル管理費の額はステュディオで200から400ドル、1ベッドルームは、400から600ドル台が主流です。住まいの快適さ、身の安全や住居としての静けさだけでなく、中古でも売りやすい環境のためにあるとしたら、ビル管理費には、計り知れない恩恵があると思います。

コンドミニアムの今後の課題

　検討する余地があるとすれば、コンドミニアムのために働く人々がフルに役立っているのか、所有者が厳しい目で判断しなければなりません。
　滅多に出勤しないレジデントマネージャーや、ただオフィスに控えているだけのセキュリティーガードマン、また、電話連絡のつかないマネージメント会社などがあれば、ビル管理費を大きく削減できるかもしれません。
　賃貸収入があれば、ビル管理費は気にならないかもしれませんが、特にローンを組んで自宅を購入した人々には、コンドミニアムの維持経費がさらに上昇していけば、家計を圧迫するかもしれません。また、固定資産税や借地料に至っては、ホノルル市の方針に改める余地が無いのか、十分に議論されるべきだと思います。

コンドミニアムの良さと特徴

　充実した設備があるので、リゾートタイプのコンドミニアムは人気があります。コンドミニアムによって設備の有無と違いがありますので、ライフスタイルに合わせて、選んでください。
　ワイキキは、1960年代後半から1970年代にかけてが建築ラッシュで、築30年から50年のコンドミニアムが多いのですが、その設備は、日本のマンションにも取り入れられてきています。

以下は、コンドミニアムの設備の例です。
１、ゆとりのたたずまいを感じさせるロビーや共有部分の広さ
２、娯楽施設として、スイミングプールやジャグジー、小さなジムやサウナ、バーベキュースペース、ミーティングルーム
３、各階には、煙突状のゴミを投棄するシュートやゴミを分別して回収するトラッシュルーム
４、充実したセキュリティーに重点を置いている設備
５、居住者のみが入ることが出来るゲートつき駐車場
６、部屋には、背の高いドア、システムキッチン
７、美観をそこねないコンドミニアムの規則、ビル管理

セキュリティー設備の例です。
１、鍵がないとビルに入れないセキュリティードア
２、鍵の操作によって動くエレベーター
３、セキュリティーガードマンが24時間常駐しているコンドミニアム
４、各部屋の電話に通じるビル入り口の来客の呼び出し（インターフォン）
５、自宅のテレビで、訪問者を確認できるシステム

コンドミニアムや部屋、売り物件の特徴の例です。
１、借地権つきの物件が多くあります。コンドミニアムのビルの全てが借地

権つきの物件の場合、または、土地所有権つきだけのコンドミニアム、または、その２つが混在しているコンドミニアムがあります。
 2、売り物件は、日本のように内装を新しくした物件とは、限りません。
 3、内装の良さ、新しさによって物件価格に差があり、素晴らしいオーシャンビューや高層階は、価格設定が高くなります。
 4、エアコンや冷蔵庫、テレビなどの大型電気製品つき、家具つきの売り物件が多い。（ワイキキやアラモアナ周辺）
 5、洗濯機乾燥機つき物件は、コンドミニアムによって、また、部屋タイプによって、決まっています。
 6、キッチンのコンロは、電気で、ガスは一部のみです。
 7、部屋内は、カーペットである場合が、多くなっています。
 8、玄関と部屋の段差はありません。
 9、バスタブは、高さ30センチから、50センチほどの丈の低いバスタブで、シャワールームと一体になったアメリカのホテルタイプが多い。
 10、ベッドは、いろいろなサイズがあるので、実際に物件を見て確認する必要が有ります。（参照「家具の選定」P.251）

コンドミニアムの価値基準

　築年数を優先するとワイキキのコンドミニアムは、全く売れないということになってしまうでしょう。築年数を不動産価値基準の最も高い位置ではなく、情報として知る程度にしていただければと思います。ハワイのコンドミニアムで重要なことは、古さを感じさせないビルであるのかという点です。
　また、コンドミニアムの価値基準はいろいろありますが、ビルには、グレードというものがあり、高級感の漂うハイクラスのコンドミニアムから、簡素な住空間だけのコンドミニアムまでのグレードがあります。見学すればコンドミニアムのグレードを理解できます。
　高級コンドミニアムは、今風に言えばセレブの住人が集まり、ハイクラスの雰囲気に溶け込んでいます。グレードを決定付ける要素は、ビルの豪華さ、ゆ

とりのある共有部分、立地条件、物件の価値と価格、部屋の広さ、娯楽施設、ビルのメンテナンスのよさも加味されます。共有部分や娯楽施設が少ない、住居空間のみのコンドミニアムは、ビル管理費も低く、エコノミークラスということになりますが、だからと言って美観や快適さに欠けるということではありません。

なお、不動産投資家にとって、その物件が、いったいいくらの賃料で貸せるのかということも価値基準となります。コンドミニアムのグレード、内装の良し悪し、階数やながめによって賃料は異なります。

それぞれのコンドミニアムは、独自の付加価値やリニューアルで、不動産価値を維持しようとしており、賃料が下がらないのですが、その逆も真なりで賃料が下がらないので不動産価値が下がらないのです。

Q
老朽化にともなう大規模修繕は、何年ごとにするのでしょうか？

A
物件所有者の集まりである管理組合が必要だと判断したら、行われます。適宜ということになりますので、何年ごとにとは決まってはいません。

Q
コンドを購入した場合、老朽化や災害で無くなったしまった場合は、持ち主の権利はどうなるのですか？

A
再建設については、所有者の集まりである管理組合との契約に基づいて処理されます。しかし、災害を前提の物件購入は難しいので、災害をご心配なら、保険でカバーできる範囲をお確かめの上、検討してください。大きな災害は、人智の及ばないところですから、それを前提にすれば先へは進めないと思います。

第2章 コンドミニアムの地区の選択

オアフ島

　オアフ島のホノルル市はコンドミニアムが林立した大都市であり、繁華街やレストランが充実していますので、ハワイ別荘での暮らしは、都会の楽しみもそのままに、アウトドアスポーツやリゾートライフが満喫できます。

　ハワイの海の景色を堪能したいと思えば、オアフ島を半周するだけで、いろいろな海に出会えます。ワイキキから車で10分のダイアモンドヘッドの高台から臨む広い海と街の景色には、歓声を上げるほど興奮するでしょう。ハナウマベイの先のココヘッドを廻れば、エーゲ海のような深い海の色に心穏やかになり、その向こうには、選挙戦の休暇にオバマ氏がボディーサーフィンを楽しんだというサンデービーチの白い波のスプラッシュが見えます。そこから10分ほど車を走らせると、ワイマナロではコバルトグリーンの海の色に別世界を見て、美しいビーチで有名なカイルアビーチで命の洗濯をし、パリハイウェイから奥へはいったヌアヌパリ展望台からは、ここまでドライブして通った海を一望に眺めて息を呑み、ワイキキへ戻ってくるというコースです。

　オアフ島の不動産は、売り買い活発で、ハワイ別荘として所有したり、投資や、将来のお子様の留学のためなどに、有効に活用ができます。老いてから温暖な気候のもとで過ごしたいと、引っ越してくる人も多く、世界中の人が購入しますので、誰もが認める価値有る財産と言えます。

　なお、売り買い活発とは、日本のように分譲で売れてしまえば売買が一服するのではなく、1軒の物件が、購入と売却を繰り返されたり、多くの物件が、短期間で売れる状況を意味します。

ワイキキの不動産とは

　ワイキキとその周辺は、日本で言えば、駅前の一等地に相当するでしょう。必要とする物資やサービスを手に入りやすい地域です。英語を話さなくても慣れているから不自由しないという人たちがロングステイでご滞在になります。
　医療が充実しており、日本人の医者もいますし、日本語対応可能な会社や店を記載した日本語のイエローページや日本語新聞がありますので、さらに便利です。
　最近は、ワイキキへ巨額の資金が投入されて、ビーチウォークなどの洗練された街が生まれています。また、その東のワイキキの心臓部では、1000億円規模の再開発計画があり、今年（2013年）から工事が開始されます。ワイキキが大きく生まれ変わるのも、もう間もなくです。

広がっていくカカアコ地区

　いつのころからか、カカアコという名前が生まれ、目覚しい都市化が進んでいます。アラモアナ地区の西側に広がる地域で、新しいショッピングエリアや娯楽施設も生まれています。ここに建設されたコンドミニアムは、ハワイ別荘だけでなく、住居としても人気が高く、その洗練された新しさは、誰もが認めるところです。
　カカアコのこれからの新ビル建設計画のひとつに、アラモアナのデパートの上の高級コンドミニアムの建設があります。ショッピングセンターが裏庭にあるという利便性を追求したロケーションです。また、2012年には、ワードセンター周辺のコンドミニアム建設計画が発表されています。総戸数4300という大規模な開発に今後のカカアコ地区の勢いを見る思いがします。
　カカアコの名前の由来は、カカアコウォーターフロントパークという海側の公園でした。そして、その公園周辺の東西に広がり、今では、ダウンタウンとワイキキの間、開発される可能性のある広大な地域の全てをカカアコと呼ぶ人

もいます。通り名と番地で構成される住所とは異なり、地域名の呼称は人々の認識で変化します。「カカアコ」、新たにそう呼ばれて広がっていく地域は、カハラ地区の例と同様に、さらなる開発が期待される地区と言えましょう。

地区を選択

ワイキキの周辺のコンドミニアムをご検討の場合は、ハワイ滞在の目的や便利さを検討すると、地域が決まってきますし、山や海、ダイアモンドヘッド、マリーナの海、公園の緑と海のながめなど、ワイキキの特徴的な眺望を指定して、地区を選択してもいいでしょう。

また、快適ということでは、喧騒の是非、周辺の街の雰囲気なども考慮しましょう。

投資のための賃貸物件の購入の場合は、地区よりもワイキキ全体を視野に入れてリーズナブルな物件、貸しやすい条件のコンドミニアムということで、不動産買エージェントに物件を紹介してもらいましょう。

地区それぞれの特徴

ワイキキは場所的には、以下の1から3地域に分けられます。アラモアナ地区を含むカカアコ地区は、今後、さらに開発されてワイキキのような観光地になり得る地域です。

１、ワイキキの西側

ワイキキの中心の喧騒から少し距離を置いており、ハワイの住人が多く住む地域です。マーケットのフードパントリー、銀行や郵便局がイートンスクエアーの一箇所にあり、生活にはとても便利な立地です。この地区を好む人は、この生活の便利さを知っているロングステイのリピーターや、アラモアナまでの買い物が日課という人もいるでしょう。アラモアナショッピングセンターに

は、いくつかのスーパーマーケットやデパートがありますし、日本食品が多く手に入るスーパーマーケットも近くです。

　フォートデルーシー公園の恩恵に与り、南国の緑と海の青色のコントラストの美しいオーシャンビューや、ヨットハーバーの向こうに広がるオーシャンビュー、アラワイ運河とマウンテンビューなどの景色があります。高層階からのオーシャンビューは、ダイレクトオーシャンビューであったり、毎週金曜日の花火がベランダから大きく見えるのは、大きな利点です。

　ビーチは、ヒルトンホテルの広いビーチや、ワイキキ中央のビーチへも歩いていけます。独立記念日に花火が行われるアラモアナ公園のビーチも近くです。

　そして、海に沈む夕陽を楽しむのであれば、オーシャンフロントや高層階を探すのがいいでしょう。

２、ワイキキの中央

　免税店があり、ワイキキビーチ沿いのショッピングエリアやレストラン街がありますので、観光客に人気があります。カラカウア通り周辺は、大規模な再開発が予定されている地域ですので、今後、益々観光客を惹きつける街となります。

　海側はホテル群が占めており、住人のコンドミニアムは、クヒオ通りやアラワイ通り沿いに多く位置しています。観光ビジネスに従事する住人やワードセンターに通う学生などが住んでいます。クヒオ通りには、マーケットのフードパントリーがあり、多くの観光客も訪れます。また、頻繁にバスがありますので周辺への移動はバスが便利です。

３、ワイキキの東側

　ワイキキの中心から少し離れ、動物園や水族館があるカピオラニ公園に隣接した地域です。ダイアモンドヘッドの裾野の緑が美しく、オーシャンビューは緑の延長に見えます。

　雨季や乾季にその色が変化するダイヤモンドヘッドが好きだというロングステイの人々や、カピオラニ公園を抜けてダイアモンドヘッドまでのウォーキン

グが日課であったり、間近の自然と触れ合うことが好きな人々に選ばれる地区です。

　ワイキキの東にある学校へ通う学生やサーフィンを目的とした観光客も好む地区です。車があれば便利な地区で、車がない場合は、バスを利用してスーパーマーケットや生活物資が手に入るアラモアナまで行くことになります。

４、アラモアナ地区、カカアコ地区

　アラワイ運河を境にワイキキに隣接した西側、アラモアナショッピングセンターの周辺は、高級コンドミニアムが多く、南側はアラモアナ公園やヨットハーバーの海が広がる壮大なオーシャンビューの眺望を楽しめる地区です。

　日本食品や製品を専門に扱うスーパーマーケットがいくつかありますので、日本と同様の食生活でハワイ滞在を楽しめます。

　アラモアナを囲んだ開発が著しいカカアコ地区は、古い倉庫を取り壊して、ショッピングエリアが出来ています。おしゃれなレストランが軒を連ねるようになり、洗練されたデザインに目を引く建物やハワイの住人が集まる街がいくつか出来つつあります。

第2章 コンドミニアムの広さと間取り眺望

間取りと部屋の向き

　ハワイでは北向きも南向きも需要の差は無く、南向きという理由だけでは物件価値は高くなりません。南向きのシティービューよりも北側のマウンテンビューやオーシャンビューが快適なながめの場合がありますし、西側も西陽があたるなどの理由で嫌われることはなく、オーシャンビューであったり、サンセットが楽しめれば、価値ある物件です。特に海に沈むサンセットは、格別なながめだと思います。水平線から大空へ、放射状に拡がる光線の変化を夕食時に楽しむことができます。
　また、ハワイは昼間の日差しが強いので北向きの物件へも需要があり、山からの風が心地いいので、好んで選ぶ人がいます。また、北側は、全く日差しが入らないということではありません。細長いワイキキは南西に向いており、さえぎる建物がなければ、北側の部屋にも朝日がはいります。そのような、全戸北向きのコンドミニアムがワイキキにはいくつかあります。
「美しい山々の景色を楽しみなさい。」
と間取りが主張しており、その眺めの価値は十分にあるのです。

ハワイの間取りの違い（鳳）

　好まれる南側を全戸で均等に分けると「うなぎの寝床」になって、両壁に圧迫感がでて、中央に窓が無い部屋が有り、風通しが悪く、湿気がこもって建物の劣化が早くなるのではないかと思ったり、間取りに神経質になっていましたが、ハワイに住み始めていつの頃からか間取りを気にしなくなりました。部屋

の向きの情報だけで十分です。

　ハワイの間取りは申し訳ないくらい開放的で、窓がない部屋など見たことはありません。一瞬、窓が無い部屋があったと思ったことがありましたが、それは、ウォークインクローゼットと呼ばれる洋服を置く部屋だったという、取るに足らない話がありますが、私が狭い部屋を見慣れた日本人だからです。

　話はそれましたが、ハワイは気候がよく、明るい日差しですから、部屋も開放的に感じられます。私はどちらかと言いますと、涼しい日陰にいることが快適ですので、ワイキキの自宅は北向きのアラワイ運河が眼下にあり、日本で言うところのウォーターフロントです。西はアラモアナの海から、東はココヘッドまでの広い範囲の景色を楽しめ、深緑の山並が雄大に迫る景色は、何物にも替え難いです。（鳳）

ペントハウスとトップフロアー

　豪華で広い最上階というイメージそのままのペントハウスや、間取りも広さも他のユニットと同じ場合があります。この場合は、単に最上階の物件という意味で使われています。

　また最上階だけでなく、一定の階数以上をペントハウスと名称にして、その他のユニットタイプの部屋と区別しているコンドミニアムがいくつかあります。

ユニット（部屋）タイプ

　日本の１ＬＤＫは１ベッドルーム、２ＬＤＫは２ベッドルームに相当し、１ベッドルームはベッドがひとつという意味ではないということは、よく知られるようになりました。コンドミニアムの場合は、この〇ベッドルームの表記通りにベッドルーム数があり、ベッドルームのほかにリビングルームがひとつあります。

日本のワンルームはステュディオで、長方形の部屋のなかにバスルーム、キッチン、クローゼットなどが配置され、家具つきであれば、ベッドとダイニングセットなどが置かれています。
　また、〇ベッドルームというのは、バスルームとセットにして表示することがあり、「2ベッドルーム2バス」は、2つのベッドルームと2つのバスルームから成るという意味です。

物件の広さ

　コンドミニアムの物件の広さは、両隣にユニットがある場合は、日本と同様に壁心からの広さを言います。壁の幅は5インチとされ、隣に部屋が無い角部屋などは、その5インチ幅の床面積も加わっています。（1インチは2.54センチ）
　アメリカの広さの単位は、ｓｑ（スクエアーフィート）で表します。11（正確には10.7639）で割りますとおよその平方メートルが、わかります。
　売り物件の広さの情報は、バスルームやキッチンを含めた物件全体の広さが記載されているだけで、それぞれの部屋の広さが明示されることはありません。よって、実際の部屋を見て、各部屋の設備や広さが適当であるのかを確認したほうがいいでしょう。
　ベッドルームの数が多ければ多いほど広くなるのが通常ですが、コンドミニアムによっては、2ベッドルームより広い1ベッドルームや、3ベッドルームより広い2ベッドルームがあります。
　一般にビル管理費は、ベッドルームの数ではなく、広さによって決まっています。広くなるほど、ビル管理費は高くなります。もし、ビル管理費に予算を設定して、購入対象を1ベッドルームと決定した場合で、1ベッドルームの売り物件がなかなか出てこない場合は、同じ広さの2ベッドルームでも同様のビル管理費ですので、ＭＬＳでビル管理費の数字を確認し、実際の売り物件を見学して、2ベッドルームを検討するという方法もあります。

物件の海との位置関係とその眺望

　ながめの良さは、ハワイ不動産の価値の象徴です。
　ながめの良さを満喫するときには、ハワイ別荘を購入してよかった、これからの人生を楽しめる時期になったなど、いろいろな思いが交錯して、幸せを感じるときだと思います。
　また、将来の売却のときには、たとえ、売れにくい時期であっても、ながめのいい物件は強気で売りに出すことができます。

〈高層階〉
　ビルの間から見えるオーシャンビューが、同じコンドミニアムの高層階では、波が打ち寄せる砂浜を見渡せるなど、一般的には高層階になるほど、ながめがよくなるので、物件価格は高くなります。

〈オーシャンビュー〉
　日本の観光客は南側のオーシャンビューを好みます。オーシャンビューにもいろいろあり、さえぎる障害物が少なく、視界の多くが海であるながめをダイレクトオーシャンビューと言います。価値が非常に高く、ビルが林立するワイキキでは、ごく僅かな高層階のながめがダイレクトオーシャンビューとなっています。
　また、ビルの間から少し見える海の景色などをパーシャルオーシャンビューと言います。
　ＭＬＳの記載のながめの指定では、これらのオーシャンビューの区別はなく、どんなオーシャンビューもオーシャンの指定で統一されています。

〈オーシャンフロント〉
　海沿いにある物件をオーシャンフロントと言います。一戸建ての場合は、ビーチ沿いにあったり、海沿いの崖の上に建ち、眼下に広がる壮大な海の景色を楽しめる物件などがあります。

ワイキキの海側の多くは、ホテルが占めており、ごく僅かなコンドミニアムだけが海側に位置しており、オーシャンフロントとして大きな価値があります。

〈ビーチフロント〉
　オーシャンフロントの中でもビーチフロントというのは、すぐ目の前が砂浜の場合だけです。ビーチフロントの一戸建てと指定すれば、ワイキキ近くでは限られた場所にしかありません。

〈マウンテンビュー〉
　マウンテンビューは、ワイキキの北側の山並みが見えるながめです。海が見えなくとも山の自然が見えるということで、シティービューとは区別されます。

〈シティービュー〉
　シティービューは低層階に多いながめです。シティービューでも隣のビルが接近していなければ、ながめとしては悪くはありません。

第2章 ハウスルールと管理組合

　コンドミニアムには規則があり「ハウスルール」と言います。多くは常識的な社会的ルールや管理組合との約束の内容ですが、ハウスルールの一部には、設備を維持するための必要事項や、ペットに関するものなど、コンドミニアム独自の規則を設けています。これらは物件所有者の集まりである管理組合が作成しています。(参照「管理組合」P.183)

ペットについて

　ペットが飼えるコンドミニアムをペットフレンドリーコンドミニアムと言い、コンドミニアムによって、ペットが飼えるのか否かが決まっています。
　ペットが許可されているコンドミニアムでは、さらに詳細な規則、ペットの種類、大きさ（重さで規定されているのが一般的です）、数などの制限があります。吠えないという理由で猫だけ許可されている場合がありますし、犬が許可されている場合でも手でかかえられるまで大きさとし、外へ散歩に出す場合は、コンドミニアムの共有部分では、抱えなければならないというルールのコンドミニアムがあります。
　また、コンドミニアムから犬を連れてでてきた人を見てもペットが飼えるコンドミニアムであると断定することはできません。それは、ペットが許可されていたが、突然、ハウスルールが変更になることがあるからです。このような場合は、飼い続けているペットを捨てることができないので、新たな別のペットを飼う事ができないというハウスルールになります。また、一人暮らしにおいて、精神的、病状改善のために医者がペットとの暮らしを推薦する場合は、管理組合が特別にペットを許可するという場合があります。

確実な情報は、コンドミニアムにたずねたり、ハウスルールの書類を確認することになります。詳細は不動産エージェントにおたずねください。

賃貸に関するルール

　ハウスルールの重要な項目のひとつに、もし、物件を賃貸に出す場合の第三者との賃貸契約期間は、最低１ヶ月や３ヶ月間からという規則を設けているコンドミニアムが多く存在します。数泊のホテル貸しができないというのは、観光都市ハワイならではのホテル側の要請だと思われがちですが、実際は、コンドミニアムの物件所有者の集まりである管理組合が決定している事項です。管理組合が数日間の短期滞在者を断っているのです。

　コンドミニアムの住人は近隣の迷惑にならないように静かに生活していますが、それに対して、数日間の短期滞在者は、ホテル感覚であるので、近隣への配慮は乏しく、または、ビルの施設や備品、共有部分の美観保持、マナーやセキュリティーへの認識も十分ではないと判断されているのだと思います。

　また、カードキーのコードを定期的に変更できるホテルでは、鍵の管理は万全ですが、多くのコンドミニアムの場合はカードキーではありません。特にセキュリティードア（その鍵がないとその敷地やビルに入れない）の鍵が多くの人の手に渡れば犯罪の確立も高くなり、そのコンドミニアム住人全体に迷惑がかかります。

　よって、一般的には数泊の滞在を許可しないコンドミニアムが安全であるという考え方があります。

一般的なハウスルール

　入居者も物件所有者もハウスルールを知らないまま、また、知っていても無視すれば、金銭的な損失につながる可能性があります。物件管理をする不動産会社は、ハウスルールに書かれている常識的な事項に基づいた賃貸契約を入居

者とかわします。契約違反となったり警察にお世話になるようなことがあると、入居者には退室いただく処置がとられます。

物件所有者自身の滞在で、繰り返し騒ぎを起こす場合や麻薬使用などの違法行為、大きく社会的モラルに違反した場合は、せっかく購入した物件を没収されるなど、厳しい処置がとられることがあります。ハウスルールは、コンドミニアムによって多少異なりますが、おおむね以下のようになっています。

〈ハウスルール（規則）の例〉
1、店を出すようなビジネスはできない。コンドミニアム内で訪問販売や勧誘は行わない。
2、引越しや、家具搬入、搬出、ゴミ捨てに時間帯制限がある。
3、リフォームは決められた時間帯で工事を実行し、違法なリフォームについての禁止条項がある。
4、コンドミニアムの共有部分では禁煙。
5、自転車やバイクも含めて車は、決められた場所に停車すること。
5、サーフボードや、自転車をエレベーターや、部屋内に持ち込まないこと。
6、ベランダに洗濯物を干したり、大きな荷物を置いたり、アンテナを取り付けないこと。
7、スイミングプールの使用規定。
8、第三者との最低賃貸契約期間。

管理組合とその活動

管理組合とは、そのコンドミニアムの所有者の集りで、コンドミニアムの運営に大きく関わります。アルファベットでは、AOAO（アソシエーション・オブ・アパートメント・オーナーズの略）という名前で知られており、ミーティング（総会）は、定期的に行われています。議題があれば必要に応じて開催され、参加の誘いの張り紙をコンドミニアム内に見たり、郵送されてくる書

類の記載に、このAOAOの記載をよく目にすると思います。

　また、ハウスルールを含む管理規約などの改正、新たな設備や撤去などを決議したりします。たとえば、自転車やサーフボード置き場、娯楽施設の増設など、住人のセキュリティーや生活向上を目的としてコンドミニアムを維持運営していきます。

　どんな管理組合の運営であっても、所有者が自分達の財産を守るため、理想とする住まいを造るために働いているのが基本です。また、所有者に中には、いくつものコンドミニアムを所有している投資家や不動産ビジネスが仕事であるという人々がいます。彼らは、どのようにすればベストであるかということを熟知しています。経験豊かで、他のコンドミニアムで実行されたアイデアなどには説得力があり、成果を上げるために時間と労力を惜しまないで活動します。職業化している不動産投資家にとっては、ミーティングは仕事のようなもので、管理組合は身近なものなのでしょう。

管理組合との付き合い方

　日本のマンションの所有者の活動は積極的ではない印象がありますが、ハワイのコンドミニアム所有者は、管理組合の動向に敏感で、人任せにしない傾向にあります。また、真剣になりすぎて、所有者同士が喧々轟々とミーティング（総会）でやりあうと言ったこともしばしば起きます。

　大きくリニューアルを施したいグループと経費を抑えて静かに暮らしたいグループが対立したり、管理組合の役員の運営に不満な人々が、管理組合やコンドミニアムに致命的なダメージがあるように発言して、他の所有者達を不安に陥れたりといったようなことも起きます。

　もし、コンドミニアムの交流の場で、行き過ぎた行動や感情に流された発言を見聞きしたときには、自分の考えを説明できるほうがいいでしょう。そのためには、コンドミニアムで何が問題で、どのような住居環境が理想であるのか、といったことを日頃から考えておくことになりますが、ハワイ別荘として楽しく滞在したいだけであると、もし、お考えでしたら、そして、信頼できる

不動産エージェントがそばにいるなら、不動産エージェントに対応を任せることが可能です。管理組合のミーティングで何が議題に上って、どんな方向性にあるのかといったことを不動産エージェントから説明を受けて理解しておき、決定事項に影響する書類には、イエス、ノーの意思表示ができれば、それは理想的な対処の仕方です。

レジデントマネージャー

レジデントマネージャーは、管理組合の代表で、管理組合の運営に大きく携わっており、管理組合のメンバー全員から選出されます。レジデントマネージャーの多くはそのコンドミニアムに住み、住人や物件所有者の意見を聞いて改善したり、外部との折衝や管理組合の決定事項を推進する求心力となって活動します。

コンドミニアムに住むようになったら、レジデントマネージャーの名前と顔を覚えておきましょう。

積み立て修繕金や大規模修繕

コンドミニアムのビル管理費は、コンドミニアムのビルを管理する会社（マネージメント会社）が経費を打診して、管理組合が承認します。積み立て修繕金は、通常のビル管理費に含まれます。排水管の検査や交換、共有部分のカーペットの張替えや壁の塗り替え、ロビーの模様替えなどの大規模なリニューアルは行われていますが、ワイキキやその周辺のコンドミニアムでは、建て替は行われていません。大きな災害のあとでしたら、そのような場面もあるかと思いますが、災害も無く、ビルが健全で外観も遜色ないうちは、誰も建て替えを望まないというのが正直なところだと思います。ただ、何か大きな理由が発生してビル管理費に上乗せされて費用徴収するということがあります。ベランダの劣化を防ぐための修繕や水漏れ防止の工事費用などや、全戸に借地権つき

だったコンドミニアムが、土地所有権を購入するために、その費用として、賦課金（アセスメント）という名目で、毎月ビル管理費と一緒に費用を徴収します。修繕金やビル管理費に上乗せされて徴収される費用がどのような理由から発生するのかということは、あいにく事前には予想できません。ですが、それらは、物件所有者の集まりである管理組合が発案して承認するものです。

不動産価値と管理組合の運営

　不動産を購入する場合は管理組合が正当な活動をしているコンドミニアムであるということが重要になります。裁判があったり、正常ではないと判断されるコンドミニアムで、大きなニュースになれば一時的に物件価値が下がります。ですが、その安い時が買い時であると買いに走り、後に正常な運営となって物件価格が上がった時に、全てを売りに出して利益を得るという不動産投資家が多く存在することは見逃せません。

　しかし、管理組合の運営の良し悪しが生活に影響するほどになりますと、快適ではありませんので、コンドミニアムの売り物件を見て回るときには、共有部分のロビーフロア、エレベーター、各階の通路、スイミングプールなどの娯楽設備の清掃状況やメンテナンスが行き届いているのかなどを確認するのがいいでしょう。きれいに保持する努力がされいない、必要な修繕個所がそのままであったり、エレベーターのひとつが、何ヶ月も止まったままであるなど、住人の不便さが解消されるまでに時間がかかっているコンドミニアムなどは大きなマイナス点です。

第2章 コンドミニアムの設備

セキュリティードアとセキュリティーガードマン

　ハワイ不動産やロングステイなどが知れ渡るにともない、セキュリティーを重視する賃貸希望者が多くなりました。そのセキュリティーを強固にしているのが、セキュリティーガードマンです。彼らを単にセキュリティーと呼ぶ言い方がハワイでは一般的です。また、鍵がないとビルの敷地や建物に足を踏み入れることができないセキュリティードアや、エレベーターを鍵で動かすというセキュリティーがあります。

　セキュリティードアの近くには、訪問者が住人を呼び出す電話が設置され、屋内電話へ接続し、住人が電話を操作してセキュリティーゲートを開けることができるセキュリティーがあります。日本ではインターフォンを設置しますが、この場合のセキュリティーシステムでは、テレビ画面で訪問者の顔を確認できます。多くは57チャンネルに設定されています。

　セキュリティードアが無い場合でもセキュリティーガードマンが常駐して、見回りなどをしているコンドミニアムがありますし、セキュリティーガードマンがいないコンドミニアムは、セキュリティードアが重要になります。

　階上からの水漏れや近隣の騒音、事件事故、不審者を発見したときには、セキュリティーへ連絡します。また、家庭内暴力のときにもセキュリティーが警察へ電話をして、対応してくれます。

　セキュリティーの就業体制は、1人体制、2人体制、24時間の常駐型から、一定の時間帯のみの場合があります。物件所有者の集まりである管理組合が承認して決定していますので、変更されることがあります。

メンテナンスと水漏れ

　水を撒いたり、落ち葉を掃いたり、早朝にはコンドミニアムで働く人々を目にします。コンドミニアムの共有部分の維持や各部屋のエアコンのフィルターの点検などを行われ、整備された生活環境は、メンテナンスで働く彼らのおかげです。

　ですが、不具合や事故の程度によって、また、コンドミニアムによってもメンテナンスの対応は異なります。

　たとえば、水漏れの原因が、戸々の所有の配管からではなく、共用配管が原因の場合は、コンドミニアム側が水漏れ事故の対応をするのが通常です。水を吸い取ってカーペットを剥がし、扇風機を当てるだけの場合や、外部の業者を雇い、壁の下部にある巾木(はばき)を剥がして、通気と湿気取りを数日に渡って行い、ペンキや修復を完璧に行うメンテナンスまで様々な対応があります。

　なお、水漏れの原因が、共用配管が原因の場合に限り、家具などの修復できない損害については、コンドミニアムのビルがかけた保険金で補償されます。

駐車場の有無

　ビルの設備の多くに駐車場設備があります。不動産が駐車場つきであれば、駐車場スペースが用意されています。物件によっては、複数のスペースがあります。

　一方、駐車場スペースがないコンドミニアムでは、乗車、降車の使用に限定された共用スペースだけとなっています。ホテルコンドミニアムには、不動産としての駐車場設備がある場合も無い場合もあり、別会社が駐車場を運営して、1ヶ月＄100から数百ドル、また、週単位や1日単位で駐車場を貸しているところがあります。

　不動産の駐車場の有無は不動産エージェントにおたずねください。

洗濯機と乾燥機の有無とコインランドリー

　賃貸物件の希望条件として最も多いもののひとつが、この屋内洗濯機です。洗濯機があれば、どの物件でもいいという問い合わせもあります。通常、洗濯機には乾燥機が一体となっており、1ベッドルーム、2ベッドルーム以上の部屋のほとんどに洗濯機乾燥機が設置されています。ステュディオでは、ごく僅かのコンドミニアムを除いて、設置されていません。
　洗濯機乾燥機がないコンドミニアムの多くには、コインランドリーがあります。ビルの住人しか入ることができないセキュリティードアがあるコインランドリーや、各階に無料で使えるものが用意されているコンドミニアムがあります。有料の使用料金は数ドルです。25セントコインが多く必要ですので、準備していきましょう。

スポーツ施設

　スイミングプールの設備は多くのコンドミニアムにあります。ジャグジーが併設されていたり、テニスコート、ジムやサウナの設備があるコンドミニアムがあります。

遊び場

　お子様の遊び場が、設置されていることとは別に、ペットを遊ばせるだけのためのスペースを設けているコンドミニアムがあります。ペットだけでなく、住人の交流の場にもなっています。

ベランダ

　ベランダをハワイでは、ラナイと言いますが、部屋を開放的に明るく見せるために設置されたタイプとベランダでくつろぐことができる広いタイプのベランダがあります。物件によっては、そのベランダを部屋のスペースとして、リフォームしている場合があります。

キッチンの種類（キッチネット、フルキッチン）

　ステュディオの多くはキッチネット（簡易キッチン）です。キッチネットは、2つのバーナーがある卓上電気コンロでの調理が主流となっていますが、バーナーがキッチンカウンターにビルトイン（埋め込まれた）されたコンロ調理台や比較的フルキッチンに近いキッチネットがあります。
　フルキッチンは、大きなシンクと広めのキッチンカウンター、3つから4つのバーナーがキッチンカウンターにビルトインされたコンロ調理台があり、多くは食器洗浄器や大きなオーブンがついています。
　家族連れにはフルキッチン、キッチネットは少人数向きです。キッチネットに設置されている冷蔵庫の大きさは様々ですが、フルキッチンには大型冷蔵庫が設置されています。冷蔵庫は、日本と比べてシンプルなタイプが多くなっています。

フルキッチンのディスポーザル

　フルキッチンや一部のステュディオのキッチネットのシンク（流し）に生ゴミを粉砕する機械がついています。鉄製の羽が高速回転して、粉砕したゴミを流します。しかし、固いものは粉砕しきれずにディスポーザルの機械自体が壊れることがあります。使用する場合は水を流しながら、やわらかいものだけに

しましょう。

バスルーム

シャワーのみのコンドミニアムは、ワイキキではごく一部となっていますが、バスタブからシャワールームにリフォームしてある物件がありますし、シャワーからバスタブにリフォームできる場合もあります。豪華なバスルームは、洗面台のシンク（流し）が2つあったり、ジェットバスやガラス張りのシャワールーム、ゆかや壁の総大理石造りなどがあります。

家具や大型電気製品

売り物件が家具つきの場合には、家具や大型電気製品は物件の備品として含まれています。購入の際にそのひとつひとつを確認する必要があります。売買手続き中に受け取るインベントリー（在庫）リストという書類には、家具とともに電気製品が一緒に記載されています。主にエアコン、冷蔵庫とテレビ、電子レンジ、ベッドやベッド横の台、ダイニングセットやソファーなどのリビングセットです。

物件がフルキッチンの場合はキッチンに付属する電気製品は設置されてついてくるのが通常です。洗濯機乾燥機も設置されるべきスペースがあれば、設置されて売り物件となっています。

Q
ベランダを部屋仕様にするリフォームはどこのコンドミニアムのビルでも許可されているのでしょうか。

A
どのコンドミニアムのビルでも許可されているということではありません。

同じコンドミニアムのビルで部屋仕様になったベランダがあっても許可されるかどうかは、そのときのコンドミニアムの管理組合に確認する必要があります。また、許可されている場合でもリフォームの前に許可を得る必要があります。

Q
洗濯機乾燥機が部屋に無いのですが設置することができますか？
A
設置できる物件はビルの設計段階から決まっており、配管とバルブの都合上、通常は設置することができません。洗濯機乾燥機を設置する工事をした物件を購入する場合は、それが合法的な工事であるのか確認してください。違法の場合は、洗濯機乾燥機からの水漏れの被害については、保険でカバーできない場合があります。

第2章 コンドミニアムと物件選択

おすすめのコンドミニアムとは

　不動産エージェントには、それぞれ、いいと考えるコンドミニアムがありますが、買い手の希望条件にぴったり合うコンドミニアムがおすすめと言えます。

　ですが、どのような条件がいいのか、希望が明確になっていない場合は、不動産エージェントに理由とともに考えを聞いてみましょう。そして、その理由の中から、条件を選定していき、ご自分に合うコンドミニアムを選んでください。ただ、不動産エージェントが言う理由については、検証をする必要があります。

　人気があるということであれば、どのような点が人気があるのか、売れ行きがいいコンドミニアムが人気であるというのであれば、ＭＬＳリストを見て、市場にでて売買契約されるまでの日数が他のコンドミニアムに比べて短いという数字が参考になるでしょう。設備がいいということであれば、設備を他のコンドミニアムと比べてみるなどの作業をしなくてはなりません。

　条件を選んだら、優先順位も決定しましょう。たとえば、日本では当たり前のようにある洗濯機が、ハワイでは、設置されていないコンドミニアムが多くあります。ホテルコンドミニアムの場合や、以前ホテルだったので部屋に置くスペースや　洗濯機専用の配水管がないからです。ですが、ホテルですから、多くは有名なコンドミニアムです。洗濯機乾燥機のない生活を想像して、コインランドリーの使用が全く気にならない、それよりも、誰でも知っている有名なコンドミニアムがいいという人や、その反対に洗濯機乾燥機は絶対必要で、名の知られたコンドミニアムでなくてもいいという人もいるでしょう。ご自分が、どのような条件を優先するのか整理して考えてみましょう。

予算を考えた価格帯や管理費などの維持費、スーパーマーケットまで徒歩圏内が適当なのか、バスの利用がいいのか、スイミングプールの大小など、どんな要素によって、そのコンドミニアムがいいと言えるのか、決定した上で、条件の優先順位を不動産エージェントに伝えましょう。

　そして、選んだコンドミニアムをいくつか見て周り、雰囲気や間取りなどによって、さらにいくつかのコンドミニアムに絞ってください。

おすすめの物件とは

　ご自分の条件に合うコンドミニアムを選んだら、その次は、物件です。階数や部屋の向き、ながめや内装の趣味などの具体的な物件の条件を考えてみましょう。

　「おすすめの物件」と言われた場合は、具体的な理由を不動産エージェントにたずねましょう。内装がいい物件であれば、写真や見学で他の物件と見比べます。格安が理由であれば、ＭＬＳリストの価格表の比較で確かめられます。

　おすすめという理由が、買い物に便利なところで、部屋に洗濯機乾燥機があるというように、同じビルのコンドミニアムの売り物件の全てに当てはまりますと、おすすめの理由にはなっていません。

　また、不動産エージェントの都合で売り物件をすすめられていないかを気に留めてください。特に注意したいのは、不動産エージェントが、売りに出している物件を理由無く強くすすめられた場合は、単に不動産エージェントの利益のみを追求しており、買い手の条件を尊重していないということがありますので、担当の不動産エージェントを取り替えるべきでしょう。

　おすすめの物件と言われた場合は、あくまでも買い手の希望条件に合う物件ということと理解し、不動産エージェントから、具体的な理由をもらって納得し、売り物件選択に役立ててください。

　また、物件見学をするうちに条件や好みが変化していくことは、よくあることです。その旨を伝えて不動産エージェントが理解すれば、条件に合わない物件をすすられるということはないはずです。

賃貸する物件の選択

　賃貸物件とする投資物件の購入については、貸しやすく、売却するときにも売却しやすい、維持費が低く賃料収入が高いなど、不動産エージェントの判断によっていろいろなコンドミニアムの賃貸状況を話してくれるでしょう。
　基本的には、ご自分が住みたいと思った物件が、貸しやすい物件と考えれば簡単かもしれません。まずは、ご自分が住んでも快適だろうかという視点で物件を見て判断してください。

雰囲気やコミュニティーを選ぶということ

　コンドミニアムのことを理解すれば、メールでの写真の送付で、ある程度の物件の価値は把握できます。ただ、写真で見る内装や家具は購入後に変更することができますが、変更できない要素が重要です。たとえば、ながめや、独特な雰囲気、におい、騒音、間取りから受ける印象であったりします。特にコンドミニアムの全体の雰囲気は体験してみなくてはわかりません。
　また、コンドミニアムには、そのコンドミニアムの雰囲気を好む住人が集まります。そして、その住人達がコンドミニアムの雰囲気を作っているとも言えます。これから知り合う人々も、日々すれ違う人々との会話も、あなたがどのコンドミニアムを選択するのかによって大きく違ってくるかもしれません。よって、一度は物件をご覧になることが大切ですし、時間のあるときにゆっくりとオープンハウスを見学して、住人の様子や生活のしやすさなどを身近に感じてみることも、コンドミニアムや物件を選択する上で大いに役に立つことでしょう。

第2章 新築や建設予定コンドミニアムの購入

新築や築浅のコンドミニアム

　新築や築浅のコンドミニアムは、明るく、万人が好むデザインにされており、高級ホテルを思わせます。新しい内装というだけで価値がありますが、最近の傾向は壁一面をガラス張りにして、海や山だけでなく、ハワイの青い空を楽しめるようにしています。また、カーテンではなく、ブラインドやパネル、電動式で開閉するスクリーンタイプであったりします。キッチンは、グルメキッチンと称した広いカウンターにステンレス製の電化製品が流行です。古いコンドミニアムでもこのようにリフォームすることで、見違えるほど新しい感覚を持てます。

　また、駐車場の脇には、不動産の設備として倉庫スペースを設けていたり、大理石を効果的に使い、これまでのコンドミニアムのいい点を抽出して設計したという、開発者の意図を感じることができます。

新ビル建設計画

　アラモアナ・カカアコ地区周辺は、新ビル建設計画が目白押しで再開発の真っ只中という雰囲気です。ショッピングモールや歩道などの整備がすすみ、華やかな街になっています。(参照「広がっていくカカアコ地区」P.172)

　建設計画の発表があっても開発業者の事情によっては、計画が打ち切られたり、規模が変更されることがありますが、建設計画の発表を含めて、このような情報はハワイの現地の新聞、パシフィックビジネスニュースに掲載されます。インターネットのパシフィックビジネスニュースのサイト内で新ビル建設

ということで検索すれば、それらの情報がでてきます。

ワイキキには、ビルが建つ用地は大変少なくなりましたが、既にある商業地を住宅用地として再開発するということにより可能となった新ビル建設計画や既存の建物を取り壊して、豪華なホテルコンドミニアムにし、その隣接する地域も含めて1000億円規模の再開発計画があります。

ハワイの不動産価格が値崩れしないのは、新築物件が急激に増えないからですが、人口増加を計算に入れますと、不動産価格高騰を防ぐためには物件は増えていかなくてはなりません。そして、需要がある限り、今後さらに新たなコンドミニアムの建設が続きます。

新ビル建設の物件購入

新築のコンドミニアムを購入する手順では、いくつかの注意点があります。

新築のコンドミニアムは、ハワイにあるひとつの不動産会社から売りに出されますが、別の不動産会社の不動産エージェントを選んで、詳細な説明を受けたり、可能ならば、不動産エージェントを伴って、モデルルームを見学してください。

通常のハワイ不動産売買と同様に、購入には不動産会社への仲介手数料は不要ですので、買い手には、買い手側に立ってくれる不動産会社の不動産エージェントから、ご購入ください。

多くは、建設前に購入契約を結び、数段階の購入費用の支払いを経て、建設後に物件を手にします。手付金（デポジット）が、購入費用の一部になり、何回かの支払いの中で、これ以後は購入キャンセルできないという時期があり、それ以後にキャンセルすれば、それまでに支払った費用が返却されないというのが一般的ですので、その時期を念頭に入れて、このまま買いすすむのかの是非を検討します。

そのときの相場で売りに出される新築物件ですが、ビル建設後に相場が大幅に上昇していた、または、その逆で下落していた場合に備えて、その将来の相場の価格になるという契約が盛り込まれる場合があります。たとえば、不動産

市場が上昇局面にあるときには、安いと思って購入契約しても新築物件を手にするときに相場が高騰していれば、その高騰した価格で購入しなくてはならなくなります。新たに設定された購入価格を不満とする場合、キャンセルできるどうか、また、手付金（デポジット）や、それまで支払った購入費用の全てが返却されるかどうかを必ず確認してください。

　また、手にする物件を見ないで購入するということになりますので、最低でも間取りと部屋の向きの確認は必要です。昨今では、四面のビルではなく、円柱形や半円柱形などのデザインの凝ったビルがあり、それに伴い斬新な間取りや変則的な形の部屋に馴染めない場合があるからです。

　また、もし、ハワイと同時に日本でも販売される新築物件に関しては、ハワイの販売価格と比較することをおすすめします。（参照「日本で営業している不動産会社へたのむ場合」P.42）

リラックスタイム

　ハワイの人々が自然を大事にすることは、皆さんご存知だと思います。一本の大きな木を切るというホノルル市の判断に猛烈な抗議と議論が沸き起こったこともあります。

　大きな木を避けて建った変則的な形の家を発見したり、大きな街路樹の盛り上がった根を避けて歩道を歩くということもご経験されていると思います。公園の大きな木の根元には定期的に肥料になる枯れ草が置かれます。日本の神社や境内の木々は枯れやすいと言う理由は、根元の落ち葉の清掃が原因です。大きな木々も栄養が必要なのですね。人間もこれらの木々のおかげで、滋養を与えられています。

Q

　ある不動産会社のセミナーやホームページによって新ビル建設の売り物件情報を知りました。その不動産会社からしか購入できないのでしょうか。

A

　セミナーやホームページ掲載の閲覧は単なる情報収集です。物件購入はどの不動産会社からでも可能です。よって、将来の管理について納得できる会社、また、信頼できる不動産エージェントがいれば、その不動産エージェントからご購入なさってください。どんな不動産物件でも売り手は売り手の不動産エージェント、買い手は買い手の不動産エージェントを選ぶことが基本です。

第2章 格安物件を購入するには

　売り手が早く売却したい格安の売り物件がときどき市場にでてきます。格安物件には複数の買い注文がはいることが多く、その中から、価格の最も高い、条件のいい買い手が選択されて売買契約が結ばれます。いい条件とは、ローンを組まない購入（キャッシュオファー）です。ローンを組んで購入する高額のオファーか、それよりも低い額のキャッシュオファーを選択するかは、意見が分かれるところですが、一般にはキャッシュオファーが好まれます。

　まず、購入したい対象物件が不動産市場に売りに出されたら、知らせてもらうように、不動産エージェントにたのみます。出てくればすぐにメールや電話、FAXなどで情報を得られる態勢を整えておきます。売り物件がでてこない場合でも途中経過報告をMLSリストの情報とともにもらえば、そのときの相場や格安物件と言われる価格水準も理解できるでしょう。

　格安物件の情報を不動産エージェントから受けたら、一両日中に買い注文を入れることになりますので、そのときにハワイに滞在していない場合は、物件を見ないで購入することになります。内装の程度を不動産エージェントが確認し、その情報だけを頼りにしますので、不動産エージェントとは一度は顔をあわせて信頼関係を築いておくべきでしょう。

　手にしたい格安物件が決定しても　写真だけで購入するには勇気が必要であると思われる向きには、格安物件はおすすめできません。物件見学をしないで購入できる資金的、精神的余裕が必要です。

　ただ、物件の詳細検査（インスペクション）の頃にハワイへ来ることができれば、ハワイへ赴く前に買い注文を入れて売買契約を結び、物件の詳細検査（インスペクション）で物件見学をして、内装を確かめてから、購入手続きをすすめるか否かを判断できます。格安物件であってもキャンセルの事項は有効です。

通常、格安物件は数日で売買契約されますので、ハワイへ行ってから買い注文を入れようと考えて旅支度をして数日が過ぎれば、望み薄になります。まずは買い注文を入れて売買契約にこぎつけることが先決なのです。

コンドミニアム格安物件の購入前に準備しておくこと

売り買い活発なワイキキ周辺のコンドミニアムの格安物件を手に入れるのは、競争相手が多く、至難の業ですので、迅速にアクションを取るためにも下準備をしておきましょう。資金の準備と対象物件について良く知っておくことが必要です。

実際に見たことがないコンドミニアムの雰囲気やながめについて、不動産エージェントの詳細な説明を受けても、物件の全体像を把握するのは、なかなか難しいものです。事前に学習しておくことが必要でしょう。ご希望の条件や優先順位を決定して、いくつかのコンドミニアムのビルを決定します。

次に部屋番号とコンドミニアムのビルの中の位置関係のレイアウト図を取得し、部屋の向きの情報を得ます。

ながめを重視するのであれば、いくつかの部屋を見て、実際に見たながめや周りのビルとの位置関係を記録に留めます。たとえば、何階の末尾何号室の物件はすぐ前に建つビルは視界の右30％を占め、残りのながめは通りを隔てたビル群の間から少し海が見える、などのように具体的に記述します。売り物件の見学をしたときに撮った写真を貼り付けていくのもいいでしょう。コンドミニアムのレイアウト図と見比べていきますと、となりの部屋のながめも想像できるようになります。

そして、たとえば、オーシャンビューが必要であれば、何階から上の物件、末尾が偶数が第一希望などのように決定できるでしょう。コンドミニアムは、広さによってビル管理費や固定資産税の経費が異なりますので、事前に調べておきましょう。

格安物件が出てきたら

　格安の理由を質問して、それが、悪条件でないことを確認しましょう。悪い条件ではなく、単に売り手が急いでいる場合などがありますし、悪条件があっても差し支えない場合があります。
　また、格安物件の多くは、内装に手を加える必要があります。どのようにしたらいい部屋となるのか、知らせてもらったそのときに、または、物件見学のその場で、その方法と費用概算を出してもらいましょう。売り価格にその費用を加えても格安であると判断できてから、買い値の話に移ります。
　買い値は、そのときの不動産市場の状況にもよりますし、その物件がどの程度価値があって、人気があるかということも考慮すべきです。不動産エージェントは、最近の買いの経験から、いくらぐらいが適当であるのか、数字を提示しますが、最終的な数字の決定は、ご自分でなさってください。

賃貸に出すコンドミニアムの格安物件

　賃貸にだす投資物件の購入では、希望する賃料設定を維持できるならば、どんな格安な物件でもいいと思う場合がありますし、将来はハワイ別荘として利用したいので、コンドミニアムを限定した格安物件ということもあるでしょう。
　コンドミニアムを選定するためにも、賃料の価格帯を知るためにも、コンドミニアムを幅広く知っておき、低層階の価格、高層階のオーシャンビューの価格なども理解した上で、提示された価格が、ＭＬＳリストの情報に照らし合わせても格安と判断できるかどうかを確認してください。

抵当流れとショートセールの売り物件

　抵当流れの物件は、物件所有者がローンを支払えなくなって、銀行などの金融機関が差し押さえた物件ですが、近年は、金融機関と物件所有者がよく話し合いを行い、ローンを返済しやすいように交渉することによって、抵当流れになるのを避ける処置が取られています。よって、抵当流れの売り物件は、多くはありません。抵当流れは、オークションで売りに出されますが、抵当流れになる前に、早急に売却するショートセールというシステムがあります。ほぼ金融機関がおさえており、売り出し価格と売買契約価格は、金融機関の承認が必要になります。

　ショートセールの売り出し価格は、内装が素晴らしい価値ある物件が、それなりの値段である場合がありますが、多くは、低い価格設定です。要は、金融機関が、ローン額と手数料を回収でき、早期に買い手が現れる価格設定なのです。

　通常は、買い注文を出してから数日で売買契約が結ばれますが、ショートセールの売り物件は、買い注文を出してから、売買契約されるまでの期間が、長くなっています。数ヶ月、半年待たされることがあります。待たされて他の売り物件に目移りし、忘れていた頃に、
「まだ、購入する気があるのか。」
　という連絡がはいりますので、そのときに購入の是非を決定できます。購入を辞退してもかまいません。

　また、売買契約されてから、登記までの期間も長くなっており、数ヶ月かかることもあります。

　このようなショートセールの物件売買は、通常の不動産売買と同様に不動産エージェントが行います。一方、抵当流れの物件は、購入者自身がオークションに赴いて、購入手続きを行いますが、詳細は不動産エージェントにご相談ください。

一戸建ての格安物件

　日本人が好む閑静な住宅地域では、一戸建ての抵当流れの売り物件は、ほとんどありません。ＭＬＳリストでは、抵当流れやショートセールの物件という条件でも検索できますので、不動産エージェントにたのんで、情報を入手してみますと、よく理解できます。

　まず、オープンハウスを見て周り、いろいろな地域を知って選択し、さらに目標とする一戸建て地域を歩いてみることをおすすめします。オープンハウスの見学を重ねていくうちに、自分の住む町のように感じられ、どこにどのような売り物件があり、内装の程度によって、どのぐらいが相場であるかを理解できるようになれば、割安や格安の物件がでてきたら、即座に判断できるようになるでしょう。

　一戸建てにおいては、大きくリニューアルできますので、ご自分の好みにリニューアルできそうな物件が理想的です。

　安いとは、価値に比べて価格が低いものを言い、低い価値の低い価格とは異なる意味ですが、一致する場合があります。たとえば、築年数がとても古い、戦前に建った一戸建てが、家を除いた土地だけの価値よりも、さらに安い価格ということであれば、これは格安です。ただ、リニューアルしても、自分の好みの内装に出来ない、取り壊さなくてはならないということになりますと、取り壊す手間と新築する費用を金銭的な損失と捉えて、物件価格に照らしあわせて考えてみるべきでしょう。ですが、取り壊さずとも豪華な一軒家にすることができれば、将来的に価値を上げることができます。そのようにして、リニューアルして一戸建て専門に利益をあげている不動産投資も存在します。

第2章 ホテルコンドミニアム

ホテルコンドミニアムとは

　ホテルの中にコンドミニアム（不動産）があり、それをホテルコンドミニアム、また、コンデルなどのように呼ばれています。ホテルの建物の中にあっても通常の不動産として売買することができます。借地権つき、土地所有権つきの両方が存在します。

　ワイキキビーチタワー、イリカイホテルタワー、ワイキキバニアン、アイランドコロニー、アラモアナホテル、バンブーホテル、アロハサーフ、ハワイアンモナーク、パシフィックモナーク、ワイキキサンセット、パームズなどです。

　ホテルコンドミニアムの混同しやすい点は、管理や運用についてです。購入後は、管理をホテルに任せなくてはならないのか、誰にも貸さないでハワイ別荘として所有できるのか、または、自宅として住めるのか、ということですが、多くのホテルコンドミニアムではどれも可能です。

　物件管理は、不動産会社にもホテルへも任せることが出来ますが、そうではないホテルコンドミニアムや、条件つきのホテルコンドミニアムが出てきていますので、購入前に確認しましょう。

　ホテルコンドミニアムの可能な運用は、

１、ハワイ別荘や自宅のみとして利用する。
２、ホテルへ管理、賃貸運用を任せてホテルの客室としてホテル宿泊者へ貸す。
３、不動産会社へ預けて一般の人に貸す。または、ハワイ別荘としても利用する。
４、物件所有者や本人や知人友人が、直接管理を行って、自由に利用する。

という4つの選択があります。

ホテルプログラム

　ホテル側へ物件管理を任せるのは、ホテルプログラムと呼ばれるもので、半年や1年などの管理契約期間です。
　まずは、ホテルとの管理契約の内容を確認しましょう。もし、ハワイ別荘として利用する場合は、物件所有者が滞在するときには、ホテル滞在者と同じようにホテルの宿泊費を徴収するところがあります。また、管理者が誰であっても、鍵の受け渡しは、ホテルのフロントが行うという規則があり、部屋に滞在者がいる間は、1日15ドルほどを徴収するというホテルコンドミニアムがあります。1ヶ月間では、＄450になり、＄1000で賃貸物件とした場合は、ビル管理費や固定資産税などの経費を引きますと、マイナスになる可能性があります。
　ホテルプログラムに預けていることが不都合な場合は、ホテルプログラムの契約期間が終わり次第、ご自分で管理したり、不動産会社へ管理を移行することができます。
　個人や不動産会社が管理をしている物件の滞在者は、ホテルのフロントサービスを基本的には利用できません。伝言や荷物を預かってもらったり、ルームサービスやメイドサービスなどのホテルとしてのサービスは、ホテルの宿泊客のみが対象ですが、スイミングプール、セキュリティーなどのビルの施設は利用できます。
　ホテルコンドミニアムではありませんが、高級コンドミニアムのなかにはフロントがあり、リムジンサービス、メイドサービスを含む、ホテルのようなサービスを提供するところもあります。

ホテルプログラムの物件の固定資産税

　ホテルコンドミニアムで、ホテルに管理を預けて、ホテルの宿泊客を滞在さ

せている場合は、「ホテルリゾート物件」のカテゴリーとして扱われ、固定資産税は、通常よりも数倍高くなっています。

ホテルコンドミニアムから抜けた場合は、タイミングを見計らって、修正申告を行い、通常の固定資産税額へ戻しましょう。自宅や1ヶ月以上の賃貸、ロングステイなどで貸し出している場合は、通常の固定資産税額となります。

（参照「賃貸形式による物件の固定資産税額」P.211）

第2章 タウンハウスや新興住宅地

　タウンハウスとは低層階で、数軒から10軒ほどのユニットが繋がった集合住宅で、日本では、テラスハウス、低層接地住宅などと言われています。2ベッドルーム以上の広さと庭つき、メゾネットタイプが多くなっています。

　一戸、一戸の別のオーナーが存在して、一戸単位で売買されるのが一般的で、一戸建てよりもリーズナブルな価格ですので、コンドミニアムと同様に売買が活発です。その一戸を購入して自宅やハワイ別荘にしたり、賃貸物件として貸し出すことができます。一戸建てには資金が足りないが、コンドミニアムは卒業したいという人々には最適でしょう。

　比較的新しいタウンハウスは、おしゃれなエントランスやエレベーターが設置されて、瀟洒なブティックホテルのようにデザイン性が優れ、2軒続きのタウンハウスの場合は、となりとの壁を共有した一軒家の面持ちがあります。ハワイカイ方面には、運河に面して、ボートドック（ボート専用の船着場）があるタウンハウスなどもあります。

　ホノルルの中心から離れた郊外の新興住宅地には、駐車場が整備され、緑の街路樹をあしらって美しい一戸建てやタウンハウスが、開発業者や不動産会社から、売りに出されます。

　スイミングプールやテニスコートなどの共用施設があるもの、ゴルフ場と一緒に開発された住宅地は、そのゴルフ場の利用権利があるものや、その地域に車を乗り入れるためには、暗証番号を押してゲートが開くというセキュリティーなど、住人が安心して生活を楽しめる環境があります。

第2章 賃貸と入居者

賃貸物件における入居者の選定

　不動産会社が最も神経を遣う部分がこの入居者の選定です。入居者を厳しい目で判断しても、常識の無い人を入居者としないためにも、十分すぎるほどの注意が必要であると常々肝に銘じています。こればかりは、入居者に保証人がいたから安心ということはなく、また、信用度を数字で評した指標で選定するということでも不足でしょう。重要なことは、人を見る目を養った不動産エージェントが、実際に会って人物なりを確認して選定するということです。

　入居者選定後の賃貸契約においては、お部屋はホテルルームではなく、物件所有者の貴重な財産である旨を理解してもらう必要がありますが、お願いするだけでは、実行までに至らないであろうと思います。大事なことは、部屋の準備や対応を通して、入居者と心が通じること、良好な関係を保つことです。そうでなければ、不動産を大切に使うことをお願いできません。

　また、粗末な管理で粗末に見える部屋は入居者の心に何も響きませんし、賃料設定を低くしなくてはなりません。不動産会社が賃貸管理においての業務で第一にくるものは、物件はきれいで清潔であること、見栄えがあり、備品を含め思いやりをもって部屋を整えれば、その思いは必ずや入居者の心に届きますし、入居者からのクレームは殆どありません。これらが、不動産会社が管理会社として最も努力し、心血を注がなくてはならない点です。

　入居者を大切にする賃貸を実行すれば、それは賃料回収率100％であるとともに物件所有者の資産を大切にすることになります。そして、入居者が紹介して、他の入居者を連れてきてくれます。彼らと信頼関係を保ち続けてリピーターになってもらえます。安心して賃貸してもらえるリピーターが増えていくことは、不動産会社にとっては財産が増えていくように有難いことなのです。

短期賃貸と長期賃貸の契約と賃料

　長期賃貸は最低6ヶ月間以上の賃貸期間の契約ですが、物件所有者の希望や不動産会社によって、1年や2年の契約もあります。長期賃貸の場合の契約した期間は、一定の賃料を毎月受け取ります。

　一方、6ヶ月未満の契約期間の賃貸は短期賃貸として扱われます。ハワイではバケーションレンタルやロングステイと呼ばれています。仕事や観光、避暑避寒、短期留学の人々へ1ヶ月、数ヶ月で、貸し出されます。

　通常、短期賃貸の1ヶ月賃料は、長期賃貸の1ヶ月分賃料よりも数割高い賃料設定となります。また、夏と冬の需要の多いハイシーズンには、シーズン料金が適用されて、さらに数割の高い賃料設定になります。

　短期賃貸のハイシーズンとは、おおむね夏の7月、8月と冬の12月から3月までの時期です。年末年始を含む短期賃貸はホテルなみの高い宿泊料金を設定している物件所有者や不動産会社があります。

　1ヶ月間ちょうどではなく、1ヶ月と数日間、数週間などの予約を受ける場合の端数の数日は、日割り計算されるのが一般的です。日本人のアメリカでのビザなし滞在は、最長では89泊90日ですので、2ヶ月と27日前後のご滞在となり、その27日間は日割り計算されます。

　なお、賃料には税金がかかり、短期賃貸と長期賃貸では、その額が異なります。入居者から徴収する場合と賃料に含んで徴収する場合がありますが、いずれにしても賃料収入があれば、賃料にかかる税金を収めなくてはなりません。

　2013年度現在の宿泊税は、9.248％で、消費税は4.712％です。6ヶ月以上の長期賃貸の税額は、この消費税の4.712％で、6ヶ月未満の短期宿泊税は、宿泊税と消費税の合計である13.96％です。（参照「賃料に発生する税金とその収め方」P.227）

賃貸形式による物件の固定資産税額

　ホノルル市に納める固定資産税額は、6ヶ月間の長期賃貸として貸し出しても、ロングステイなどの1ヶ月間の賃貸契約で貸し出しても、同じ固定資産税額を支払います。

　しかし、30日未満の短期賃貸で、数日間や数週間の貸し出しをしていれば、数倍の高い固定資産税額を支払わなくてはなりません。「ホテル貸し」または「ホテルリゾート物件」のカテゴリーとして扱われ、高い査定を受けた固定資産税を支払うことになります。

　これは、その物件を管理しているのが不動産会社であってもホテルであっても区別はありません。言い換えれば、賃貸契約の期間が30日未満であるのか否かによって固定資産税額が異なるのです。

　ホテルへその運用を任せていた物件を貴方が購入したとしましょう。ホテルではホテル宿泊者へ数日間の貸し出しをしていましたので、購入した時点では、固定資産税は高いままです。ホテルプログラムから抜けて、自動的に、そして、直ちに固定資産税が通常額になるということはありません。1年経った時点で、過去1年間の賃貸は全てが30日間以上の賃貸であるという証明を修正申告書とともに提出すれば、アパートというカテゴリー扱いに変わり、固定資産税額が引き下げられるのです。修正申告書の記載には、賃貸期間や、または、物件所有者の住宅使用など、該当する項目にチェックマークを入れるようになっています。

　しかし、この修正申告をして認められた以降の固定資産税額が引き下げられるのであって、いままで支払った高い固定資産税が戻ってくるということではありません。また、この修正申告を行っても承認されないことがままあるようですが、懲りずに修正申告をしてみましょう。

　また、修正申告には毎年、期限がありますので、詳細は、短期賃貸、長期賃貸の両方を行っている不動産会社へおたずねになれば確実な情報を得られるでしょう。

物件価値を維持するには、どちらの賃貸がいいのか

　利回りでは、賃料収入だけを考えがちですが、内装のよさを維持されてこそ、一定の賃料額を維持できるのです。内装が傷めば、リフォーム、または、賃料設定を低くせざるを得ません。

　賃貸期間が終了して、入居者の退室後は、そうじとメンテナンスを含めた現状復帰作業がなされ、その物件の最高のコンディションに引き上げられます。長期賃貸よりも短期賃貸のほうが、入居者の入れ替わりが多いので、部屋が傷むという考え方がある一方で、入れ替わりの度に部屋の状態を把握できますので、その都度、原状復帰作業を行えば、長期賃貸よりもコンディションを維持しやすくなっています。

　一方、長期賃貸ですと、賃貸終了時の部屋の状態はどのようになっているでしょうか。日本もハワイも同じようなものでしょう。よって、その都度、修繕やリフォーム費用がかからないようにするには、不動産会社の原状復帰作業の技量の高さと、部屋は物件所有者の大事な財産であるということを入居者に認識をしてもらえる賃貸契約の記載が必要です。

ハワイ別荘と賃料収入を得る投資物件

　ハワイの別荘として滞在し、その間を賃貸したい場合は、短期賃貸が都合がいいでしょう。毎年同じ時期、たとえば、年末年始の１ヶ月のみを別荘として滞在し、それ以外の時期の全てを賃貸に出す場合は、長期賃貸物件とすることができます。ただ、ちょうど残りの11ヶ月間を借りてくれる入居者や年末に引越しをしてもいいという入居者が多いかということは考慮すべき点かもしれませんが、長期賃貸の６ヶ月とそれ以外の数ヶ月を短期賃貸との併用で貸し出すということが可能です。

　ハワイ別荘として利用しない間の全てを賃貸に出したい、または、賃貸収入は、コンドミニアムの維持費をまかなえる程度でいい、数ヶ月だけの賃貸に留

めたいなどの希望を不動産エージェントに伝えてください。そして、管理の条件としても契約してください。

不動産会社の管理対象物件と物件管理費

　ハワイ別荘だけを管理する不動産会社がありますし、賃貸物件だけを、また、その両方を管理する会社があります。また、賃貸物件を管理する会社の中でも長期賃貸のみを扱っている会社、短期賃貸だけを行っている会社、また、その両方を行っている会社があります。
　短期賃貸と長期賃貸の両方行っている会社の管理費は、短期賃貸の管理費を高くしている不動産会社があります。
　それぞれの不動産会社の管理対象物件と管理費については、物件を購入する前に確認しましょう。

利回りと賃料

　利回りとは、投資物件の場合の利益率を表す数字です。総収入から経費を引いて、購入価格で割った数字をパーセンテージで表します。

　（総収入－経費）　÷　購入価格　×　100　＝利回り（％）

　数字が大きいほうが利回りがいい物件です。間断なしで貸し出すことが出来れば、利回りはよくなります。いわゆる空き部屋率が低ければ、利回りがいいということです。
　利回りの計算には、決定された購入価格と空き部屋率の情報が必要です。また、短期賃貸であるのか、長期賃貸であるのかで、賃料や空き部屋率が異なってきます。それらの数字が不明な段階では即答できないので、賃貸占有率や空き部屋率での確認が適当でしょう。

コンスタントに長期間賃料収入を得られるのが長期賃貸です。一方、賃料の高い短期賃貸は、契約期間と契約期間の間に空き部屋期間が生じやすいので、空き部屋率は長期賃貸よりも高くなる傾向です。

　物件所有者がハワイ別荘として利用する物件は、需要が多い時期を避けたオフシーズンに滞在し、ハイシーズンに貸せば利回りが高くなりますし、一般客の予約を優先して受けていき、その他の期間を物件所有者が滞在する方法は、さらに利回りが高くなります。

　ワイキキでは、不動産価格の上昇とともに賃料も上昇傾向になりますし、反対に不動産価格が下がれば僅かですが、下がる傾向になりますが、おおむね上がった賃料は大きく下がることはありません。また、短期賃貸でも長期賃貸でも一時的に需要が高くなる時期は、賃料設定を高くします。問い合わせなどの多さで、賃貸物件が不足気味であるのか、または、需要が満たされているかを判断できます。

　人気のコンドミニアムには、適正賃料で募集広告を出せば、複数の入居希望があります。よって、空き部屋率はその不動産会社の集客力だけでなく、コンドミニアムによっても異なりますので、物件見学の際に不動産エージェントへそれぞれのコンドミニアムについての意見を求めましょう。なお、利回りをよくするために有効なことは以下となります。

（1）物件価格及び、ビル管理費設定の低い物件を購入。
（2）コンスタントに賃料を得る。
（3）きれいさを維持して賃料設定も維持する。
（4）修理費用をおさえる工夫をする。
（5）リフォームを先に延ばし、その費用を最小限にする工夫をする。

Q
　NON CONFORMING CERTIFICATE（ノン コンフォーミング サーティフィケート）とは何ですか？
A
　コンドミニアムのハウスルールである最低賃貸期間の制限を受けずに、１泊からでも貸すことができるホテル貸しの許可証明です。コンドミニアムの建設の時点でその証明書つきで売りに出された物件は数が少なく、限定された部屋だけです。もし、ご購入検討の売り物件にこの証明がついていれば、その物件はホテル貸しができます。この証明なしの物件を購入し、その後の申請で、この許可を得るということはできません。

Q
　収益面だけを考えた場合、ハワイのコンドミニアムではなく、日本の賃貸用マンションでもいいと思います。どれほどの差がありますか？
A
　ハワイと日本の賃貸マンションとは、賃料収入だけに関していえば、日本の方が、いいのではないかと思いますが、建物の将来に渡っての価値、売却のしやすさ、為替のリスクなどを考慮し、日本の不動産に価値を見出せば日本で、ハワイが素晴らしいと思えばハワイで不動産投資ということになるでしょう。人それぞれの価値観は異なりますから、あなたが、どこにどのような価値を見出しているのかという判断に尽きると思います。

Q
　高額物件とそうでない物件を賃貸するのでは、どちらが得ですか？
A
　30万ドルの物件を１軒、購入して賃貸にだすより、15万ドル２軒を賃貸にだした方が賃料収入は多いのですが、値上がりした売却益のキャピタルゲインは30万ドルの物件のほうが期待できます。キャピタルゲインを取るのか、賃貸し

た場合の利回り重視かは、考え方次第です。

Q
どの不動産会社でもハワイ別荘として滞在しない間は、賃貸できると言っていますが、積極的にしているのかわかりません。どの程度やってくれるものでしょうか。

A
ロングステイやバケーションレンタルの入居者募集方法、また、どのように物件に気を遣って賃貸に出しているのか、その不動産会社のウエブサイトのページを確認してみるのがいいでしょう。そして、現地で管理している部屋を見せてもらったり、「緊急時の案内書」や「入居者の契約書」「部屋の使い方の注意事項」などを確認しましょう。その会社の姿勢がわかります。

インターネットで予約方法や費用を説明し、部屋の写真を公開して入居者を募集するのが当たり前の時代ですから、そのようなホームページが無い、または、ロングステイの仲介会社にリンクが貼ってあるだけなどの場合は、その不動産会社では、積極的に貸さない、または、そのような賃貸は得意ではないということで理解したほうがいいかもしれません。

第2章 賃貸や住居環境

ロングステイ、バケーションレンタルの予約方法

予約の取り方は2通りあります。たとえばひとつの部屋に1月1日から、2月末までの予約を取り、次は3月初旬からのように順番に予約を受ける方法と、ホテル形式のように部屋を指定せずに期間だけの指定の予約を全ての部屋へ振り分けていく方法があります。

長期賃貸手順

長期賃貸は、住宅用の賃貸です。部屋のクリーニングやメンテナンスが終わり次第貸し出します。入居者募集は、新聞やインターネット、各コンドミニアムのロビーにある掲示板で行い、入居希望の人々に部屋を見せます。物件によっては入居者がいたまま、次の入居希望の人に部屋を見せることがあります。賃貸希望者は見学と同時に部屋の家具や備品、部屋の状態などを確認し、もし、その部屋の賃貸を希望する場合は、指定された書類を記入します。1軒の募集に複数の入居希望があるときは、適当だという人を選んで、賃貸契約を結びます。

電話代、国際電話

長期賃貸では、電話の接続と接断は、入居者本人の選択となり、通常は入居者自身が契約して電話会社へ支払いをします。電話接続には接続料がかかり、

接続と切断を繰り返すことは経費がかかりますので、以前は接続してある状態が好ましかったのですが、昨今は、携帯電話を借りる入居者が多いので、電話接続をしないままの物件が当社では多くなっています。

　ロングステイなどの短期賃貸物件で、電話を接続してある場合は、基本料金の支払いだけで、市内通話はかけ放題となっていますが、チェックアウト時の長距離電話料金の清算手段がないために、国際電話を含む長距離電話はかけられないようになっています。もし、屋内電話で、長距離電話をかける場合は、日本やアメリカで販売されている国際電話カードや、入居者のクレジットカードを使って、長距離通話が可能な旨を事前に説明する必要があります。

インターネットや Wi-Fi 環境

　当社ではインターネットの機器を貸し出して対応していますが、長期契約の入居者はご自分でインターネット会社と契約するのが主流です。
　新しいビルでは、インターネットの環境がほぼ整っています。また、パソコンがインターネットの無線をキャッチするようなインターネットができる場合があります。ワイキキにはその無線の発信場所であるホットスポットがたくさんあります。
　一戸建ての場合も、インターネットの会社と契約し、無線ＬＡＮ対応のルーターなどを購入すれば、定めた場所から発信して、家の中のどこにいてもインターネットができるというWi-Fi 環境を作ることができます。

光熱費

　コンドミニアムでは、水道や給湯費（お湯の使用料）はビル管理費に含まれていますが、電気代についてはビル管理費に含まない場合があります。物件所有者が受け取る賃料収入は、光熱費にかかった分を差し引かれますが、電気代がビル管理費に含まれる場合は、一戸ごとに支払う光熱費がいっさい発生しな

いことになります。
　短期賃貸では、光熱費が賃料に含まれて徴収するのが一般的です。光熱費が発生する場合の長期賃貸では、どのように入居者に光熱費を請求するのか、不動産会社と物件所有者とで決める必要があります。部屋の設備の洗濯機乾燥機の有無や入居者の人数によって、光熱費は変わってきます。

テレビのケーブル代

　テレビはケーブルテレビ会社と契約してはじめて多チャンネルでの視聴ができますが、コンドミニアムのビルによっては、ビル管理費の中にテレビのケーブルの視聴料金が含まれています。短期賃貸では、すぐに生活できるホテルに近い存在であるためにケーブルテレビ会社と契約したままにしておきます。
　長期賃貸では入居者自身がケーブルテレビ会社と契約したり、不動産会社がテレビケーブル会社と契約して入居者から代金を徴収する場合があります。
　日本語番組の視聴については、日本語専用のケーブルの契約や、高速インターネットでの配信などがありますが、今後はいろいろなものがでてくると予想されます。通常のケーブルのチャンネルの中にも一部ですが、時間帯によって日本語のニュースや番組を見ることができます。

薄型テレビについて

　昨今は、大型の薄型テレビの人気があります。賃貸物件の選定の基準に
「テレビのサイズが、大きかったから。」
などの理由がありました。映画やゲームを楽しんだり、パソコンを使って、仕事を家でする人がいたりしますので、できれば、パソコンにつなげるタイプの薄型テレビがおすすめです。テレビの初期設定、壊れやすいリモコンの設定、ＤＶＤへの接続などは、当社では、不動産エージェント自身が行えます。
（参照「ハワイ別荘の管理、テレビの点検と薄型テレビ」P.112）

賃貸物件の電気製品

　ハワイで手に入る電気製品は、シンプルで価格設定の低いものが多くあります。コーヒーメーカー、トースター、炊飯器、電話機、全て数十ドルから売っています。電子レンジは100ドル以下のものがあります。これらの電気製品は賃貸に出す場合は必要な備品ですが、ビデオデッキやCDプレーヤー、ヘアードライヤーなどの壊れやすい電気製品は、物件所有者や管理している不動産会社の判断になります。
　アメリカのDVDプレイヤーは、日本のDVDを見ることができないタイプ、録画ができないタイプなどの様々なタイプがありますので注意が必要です。また、日本の電圧は100ボルトで、アメリカは110ボルトです。電気コードのプラグの形の異なる点を考慮しなければ、アメリカの電気製品を日本で使える可能性があります。

Q
　賃貸物件にかける保険ですが、「損害、火災あわせて50万ドルまでの補償」ということですが、物件価格が30万ドル弱ですので、インテリアを入れてもせいぜい35万ドルぐらいの資産価値かと思います。保険加入は必須ですか？

A
　火災も含めた損害保険への加入で、1年間ではステュディオは＄200から＄250前後、1ベッドルームでは＄250から＄350前後、それ以上の大きいユニットでは中の設備よって違ってきますが、何かあった場合の損害を保障してくれるものですから、保険に加入することは必要だとご判断ください。
　なお、補償額30万ドルと50万ドルでは、費用額は、数ドルの違いですので、コスト意識とこの数ドルの価値を天秤にかけることになります。危機管理によるコストは、リスクを避けるということにおいては、最大の利回りを保証します。数ドルの違いであるなら、保障を大きくして、安心を手に入れるべきだと思いますが、最終的にはお客様の判断です。

また、保険の種類も不動産会社がいいと思うものを紹介しますが、50万ドル以上を保証する保険がいろいろありますので、ご自分でいいと思われるものを選択して加入してもかまいません。

第2章 ロングステイや語学留学

　当社がロングステイのコンドミニアム賃貸を始めたのは、かれこれ10数年ほど前ですが、その頃は、インターネットの契約に躊躇する人々が多かったのですが、昨今では、予約手順も熟知なさって、安心して契約する人が多くなりました。また、「年間30日、ハワイで暮らす」という本なども刊行されていますので、はじめての方々にもコンドミニアムの利用がさらに浸透していくものと思います。

　最も多いのは、リタイアしたご夫婦のハワイ長期滞在です。リピーターの方々は、毎年同じ時期に友人知人とハワイで落ち合って、フラダンスのクラスやハワイアンキルト、英会話学校などに通い、有意義な過ごし方をしていますし、避暑目的のリピーターには、海外の軽井沢という気軽さを感じます。

　1ヶ月間だけ英語を学ぶという短期留学生は、昔はホームステイが主流でしたが、今ではコンドミニアムを自分で予約し、英会話学校の複雑な手続きも自分でするという留学生が多くいます。子供連れのお母さんが、親子でサマースクールに通うブームも去っていません。「お受験」が形を変えて出現したという感さえあり、これからも増えていくことでしょう。

　就職を有利にするは、今や一流大学卒の学歴ではなく、「語学力」だと思います。社内の会話は全て英語で行われるという日本の大企業もいくつかでてきています。また、アメリカを知っているということも就職の強みになります。そして、アメリカに深く根ざすことになれば、世界を相手にビジネスをする人材も育つかもしれません。

　ハワイで暮らす、英語を学ぶ、アメリカ文化を経験する、いずれにしてもホテルではなく、コンドミニアム滞在が必須です。あなた自身がハワイで暮らしてみたい、お子様が……、まわりの人々が……、そう思われる時期は遠くはないでしょう。あなたが既にハワイが好きで、ハワイで暮らしたいとお考えな

ら、ハワイの不動産購入を検討する時期だと思います。

ハワイ生活のなかでの合理的なシステム

1、賃貸している人が光熱費の明細を確認したり支払いをする必要がなく、引っ越すときには、供給停止作業が不要で、引っ越した先では、その日から電気がある文化的な生活ができますし、銀行口座からの引き落とし契約などの面倒な手続きはありません。

　また、家庭で契約する屋内電話は基本料金だけで、同じ島内では通話料はかかりません。基本料金は30ドルぐらいです。携帯電話へかけても同じで、通話料はありませんが、携帯電話の受信については日本とは異なり、通話料が発生します。

2、ハワイの電気製品は、機能が単純化されたものや、多機能の電気製品の両方が売られています。目覚しく発展する電気製品がある一方で使い慣れた古いタイプの電気製品をも手に入れることが出来ます。オーディオ製品のカセットテープは、ダビイングできるダブルカセットデッキがまだ売られているのには驚きます。

　ハワイの電話機は、電気が不要で停電のときにもつながる数十ドルのものがあり、日本のお土産に重宝されたことがあります。冷蔵庫や電子レンジにもシンプルな機能で、値段が安いものが多くありますので、これらは、賃貸用に利用できます。

3、バスの全車両には車椅子が乗せる設備があります。階段が昇降し、車両の定められた位置に車椅子スペースがあり、お年寄りや体の不自由な人々に利用されています。全車両というところと、均一料金の２ドル50セント（2013年現在）というところが合理的です。僻地だからといって、公共料金で差別されません。

4、朝と夕刻のラッシュアワーでは、渋滞する側の路線のどちらか一方の道路の幅を広くして、交通渋滞を緩和する対策がとられています。時間になると道路のセンターラインを決める標識（コーン）を置いていき、セン

ターラインが一時的に変更されます。ハワイでは、これが交通渋滞に効を奏します。歩行者に優しいという評判のハワイのドライバー達は、このような環境が作りだしているのかもしれません。自然が作る優しさだけでなく、人間が作る優しさも連鎖すると思います。

5、郵便ポストは、街頭だけでなく、各コンドミニアムにも併設されています。一戸建ては、自分の家の郵便ポストに手紙を入れて、目印を立てておけば、配達にきた郵便局員が同時に回収してくれます。回収と同時に郵便物の配達するというところが合理的です。

　コンドミニアムの個人の郵便受けは、それぞれ、鍵がかかるようになっており、郵便局員はマスターキーを使って全部を開けて配布しますが、一個一個を開けるのではなく、全部が１枚に大きくつながって開くドアを開けて、集配します。鍵がかかるので、郵便物が盗まれることはありません。配達を終わったあとには「今日の郵便は、配達されました」と表示してくれるコンドミニアムがあります。

6、ワイキキ周辺の賃貸物件は、大型電気製品、リビングセットやダイニングセット、ベッドなどの家具があったり、炊飯器、コーヒーメーカー、トースターなどのキッチン電化製品も揃っているところが多くあります。ハワイの引越しは荷物が少なくて済み、簡単ですので、業者をたのまずにトラックを借りて自分で行う人が多いと思います。

Q
ハワイに住むことになりました。年金はハワイで受け取れますか？

A
2013年現在はハワイでも年金を受け取れますので、日本にお住まいの区や市町村の役場へご相談ください。

第3章 税金の支払いや確定申告について

固定資産税

　購入検討対象物件の固定資産税を不動産エージェントにたずねると、ＭＬＳ物件詳細情報に記載の数字を教えてくれますが、これは物件所有者から知らされた最近の１ヶ月分の税額です。購入手続き中には、正確な数字を知ることができます。

　不動産購入後には、管轄のホノルル市から固定資産税額の書類が送付されますが、購入手続き中に、エスクローにて固定資産税の書類のあて先を日本の自宅にすれば、日本の自宅へ送付されます。

　固定資産税額は、地域、市場価格、不動産の形態により異なり、税額はほぼ毎年変わりますので、送付される書類を確認しましょう。

　１月上旬には、査定された評価額（市場売買価格ではなく日本でいうところの路線価のようなもの）の書類が送られてきます。そして、少し遅れて、固定資産税の請求書が届きます。

　固定資産税の支払いは年に２回で、支払い期限は２月20日と８月20日です。

　一期は、７月から12月31日までで、８月20日までに支払います。

　二期は、１月から６月30日までで、２月20日までに支払います。

　賃貸に出す投資物件では、30日以上の期間で貸している物件と、30日未満で貸し出す賃貸形式の違いで物件の固定資産税額が、異なります。

（参照「賃貸形式による物件の固定資産税額」P.211）

固定資産税の納税方法

　固定資産税は毎年異なる額ですので、銀行の引き落としができません。何らかの支払い手段が必要になります。ハワイに銀行口座がある場合は、固定資産税の支払いを銀行へ依頼したり（手数料が発生）、日本から小切手を税務署へ郵送する支払い方法がありますが、物件の管理を不動産会社へ依頼している場合は、不動産会社へおたずねください。
　固定資産税額の確認は、管轄の役所からの通知書類で知ることができますし、市のウエブサイトでも確認することができます。
　査定と証する書類が一年に1通、確定した固定資産税額を記載した通知が2通の合計3通が毎年郵送されてきます。郵送されてこない場合は、税務署へ確認します。
　固定資産税通知の受け取り住所を変更したい場合は、その書類の住所変更についての欄を利用します。住所変更手続きをして、その処理がなされているのか、また、固定資産税が支払済みになっているかを調べるためには、その不動産管轄の役所である税務署へ問い合わせます。そのときには、物件のTMK（タックスマップキー）を提示できるようにしてください。TMK（タックスマップキー）というのは、日本でいうところの地番のようなもので、物件一戸につき、ひとつのTMK（タックスマップキー）が存在し、不動産購入の際の書類に記載されています。また、支払うときには、書類の名前と物件のTMK（タックスマップキー）が間違っていないかどうかを確認してください。同姓同名の不動産を取り違えて通知が郵送されるという間違いがあるからです。
　また、不動産を購入した初年度には、前所有者へ通知書類が郵送されてしまうということが起こり得ますので注意が必要です。固定資産税を支払ったあとには、領収書は発行されませんが、タックスオフィスにて直接支払った場合は、領収書が発行されます。もし、固定資産税の支払いが遅れた場合は、延滞金と遅れた期間の利子が加算された税額を支払います。
　何年も固定資産税を支払わずにいますと、ホノルルにある不動産はホノルル市に没収されて競売にかけられます。そうなるまでには、物件所有者へ幾度も

督促状が郵送されますが、その通知を受け取れなかったという状況が発生しないようにしなくてはなりません。

賃料に発生する税金とその収め方

　入居者の賃料は、税金（消費税）も一緒に受けとります。徴収した税金は、定期的にハワイ州へ納めなくてはなりません。固定資産税のように半年に一度ではなく、税額によって、数ヶ月ごとに支払わなければならないという規則があります。支払い方法は、税務署に行って支払うことができますし、小切手の郵送で支払うこともできます。

　ロングステイなどの短期賃貸は税率13.96％で、家賃が＄1000なら139ドル60セント、長期賃貸の税額4.712％で、家賃が＄1000なら47ドル12セントです。（2013年現在）

アメリカでの確定申告

　賃貸収入のある人は確定申告をしなくてはなりません。ハワイ別荘の利用のみで、賃貸収入が無い場合は、確定申告は不要です。会社を設立して不動産投資を行い、その収入を会社所有者個人が受け取る場合は、会社と個人の両方の確定申告を別々に行う必要があります。

　申告には、各自ひとりひとりを特定するために納税番号（TAX ID）の取得を義務付けられています。この手続きについては、不動産を購入後、不動産エージェントや会計士におたずねください。

　アメリカの確定申告は、会計士というスペシャリストを雇うのが一般的です。日本語で応対してくれる人を紹介してもらいましょう。費用は、＄500から＄1000ほどで、込み入った申告は高くなります。

　確定申告もハワイにいらしていただく必要は無く、ファクシミリのやりとり、または、郵送、メールによって可能です。

納税の方法は、税務署への送金やハワイに銀行口座がある場合は、小切手の送付、または、キャッシャーズチェック（現金小切手）を税務署へ送付して処理をします。こちらも日本から実行できます。（参照「キャッシャーズチェック」P.237）

不動産を売却した場合の確定申告

購入後と売却後にエスクローから発行された決済書（FAINAL CLOSINGSTATEMENT）を保存しておき、確定申告の際に会計士へ提示します。購入と売却の両方の決済書が必要になります。実際に税務署がこの書類を必要としているのではなく、会計士が、決済報告書をもとに税務署への申告書を作成するのです。よって、この書類のコピーを送付したり、FAX、Eメールの添付書類を会計士へ送ります。

日本での確定申告は、売買価格が記載されている売買契約書をもとに税務署が判断します。

経費として落とせる費用

確定申告をする際に経費は収入から削除できますが、経費で落とせる範囲の明解な規定はありませんので、ハワイ不動産を購入するときに発生したと判断できる費用は、渡航費用や滞在費用も含めて、確定申告に備えて保存しておきましょう。

会計士と相談しながら申告を行いますが、申告は、あくまでも申告者本人の責任において行われ、経費の判断も含めて、税務署の判断をあおぎます。

領収書の添付は不要ですが、提出を求められれば提示する義務がありますので、確定申告が終わっても領収書は廃棄できません。

日本での確定申告

　最近は日本の法律が改正され、国税調査官の海外の資産や収入への監視の目も鋭くなっています。彼らはアメリカに常駐し、納税番号によって情報を把握するという話があります。不動産賃貸における利益も特に注意して申告漏れのないようにすべきでしょう。

　日本に住所がある日本人の海外の収入は、日本でも申告する義務があります。ハワイでの賃貸物件の確定申告をする場合、はじめの数年は、減価償却などの経費で落とせる金額が多くなり、無税になる場合が多いのですが、それでも基本的には、日本でも申告しなくてはなりませんので、正確を記すためにも日本の税理士にご相談ください。なお、申告をすることと、税金を支払う行為とは異なり、申告をしても税金を支払わないで済む場合があります。

　会社設立をしての不動産投資も同様です。会社を所有している個人へ会社からの収入が渡らなくても、その個人が日本の居住者である場合は、基本的には日本でも申告しなくてはなりません。また、ハワイでは会社の確定申告と、会社を所有する個人の両方の確定申告を行わなければなりません。

　ちなみに日本で申告する必要が生じても、アメリカで支払った税金は、控除されます。これは、日米租税条約の二重課税防止措置がとられているからです。

Q
　購入後の固定資産税は月払い、ドル払いになるのでしょうか。
A
　売り物件のＭＬＳリスト情報の中の固定資産税の数字は、便宜上、１ヶ月換算の固定資産税額になっていますが、実際は、年に２回払いとなっており、半年分ずつ、お支払いいただくことになります。支払い期限は２月と８月です。

第3章 相続、生前贈与

　相続や生前贈与に関することは会計士や弁護士の範疇ですので、明言を避け、昨今の状況と個人的な意見のみを記述いたします。

　アメリカは日本に比べて相続にかかる税金は格段に低くなっており、財務省のウェイブサイトの主要国相続税負担率を見てもアメリカと日本の課税基本額の出発点が大幅に異なります。さらにアメリカには、生涯にわたって大きく控除されたり、年間の贈与控除額、夫婦間贈与の無税などの多くの有利な条件があります。ハワイの銀行の共同名義や不動産の共同名義などは、複数の人々全員が共有するという考え方であり、持分のあいまいさは、将来、資金や財産を自動的に移動(相続や遺贈の手続きを経ずに他者の所有になること)させるという結果をもたらします。

　しかし、アメリカの税法上のメリットはあっても、日本に居住の日本人は、日本の法律も適用されて、日本で課税されます。

　私見ですが、アメリカの不動産投資を通して、有利な条件を利用することは不正手段ではありませんし、抜け道でもありません。正当な経済活動だと思いますが、銀行の取引を含め、アメリカの地がからむ資金移動に対する監視は、強化される傾向にあります。アメリカの税法の適用範囲だけでなく、日本の法規についても確認して判断しなくてはなりません。

　また、税法を理解する上で、前提となる定義や適用範囲のあいまいな部分が多いということについては、日本の法規が追いつかないのではなく、税金徴収の対象として当局がいかようにも判断できるためであると理解したほうがいいでしょう。「推定課税」という存在もそれを裏付けています。よって、必要に応じて税理士や会計士へご相談なさることをおすすめします。

　なお、税法の適用者は、多くはその国の居住者、非居住者で区別されています。日本に住所が無いということは、単に海外転出の手続きをした者であるの

か、外国のビザ（査証）を所有しているという定義があるのか（2013年現在は存在しませんが）、非居住者と居住者の扱いも今後は注意する必要があるかもしれません。

第3章 タイムシェア

　ハワイには、いろいろなタイムシェアがありますが、使えなくては意味がありませんので、ご自分が利用できるものなのか、ホテルと比べてリーズナブルなのかを確認してみましょう。
　また、説明会の内容に納得するために、後日聞きなおせるテープに録音するという人もいます。

1、予約したい時期に予約を取りやすいか。
　　（1ヶ月前に旅程を決定することが多いという人は、1ヶ月前に予約を取りやすいのかをインターネットの予約画面を見せてもらうことができます。）
2、モデルルームを見学しますが、モデルルームは、最もいい部屋である場合が多く、毎回その部屋に宿泊できるということではありません。タイムシェアのビル全体を外観からながめて、ながめが確保できない部屋や、最もよくない部屋を想定して、その部屋の滞在でいいのかを検討しましょう。

　　タイムシェアの不動産の権利は、ビルを指定して登記されます。もし、そのビル以外のもっとグレードの高いビルにも滞在できるということが、セールストークであれば、そのグレードの高いビルのタイムシェアを所有している人と、同等の権利や利点があるのか、また、もし、本当に所有したいと以前から考えていたタイムシェアのビルがあるのであれば、そのビルのタイムシェアの滞在権利を購入すべきであって、別のビル（代替滞在権利）でないほうがいいでしょう。その理由は、タイムシェアであっても、不動産には変わりありません。所有したい不動産を所有すべきなのです。

3、体験宿泊と称して、一般のホテル客をタイムシェアの部屋に宿泊させているのか。(そうであれば、毎回体験宿泊にして、タイムシェアを購入する意味はないのではないかを検討します。)
4、タイムシェアの設備の良さを強調された場合、たとえば、キッチンや洗濯機であれば、キッチン、洗濯機乾燥機やコインランドリーの設備があるホテルとどのように違うのか。(そのようなホテルコンドミニアムがあります。)

　　ソファーやリビングルームスペースであれば、他のホテルコンドミニアムの1ベッドルームと、どのような設備の相違があるのか。
5、1週間滞在できるコンドミニアムと費用を比較してみる。
6、一定の曜日のチェックイン、一定の期間しか滞在できないという規則があるのか。たとえば、チェックインできない曜日や、一週間という期間のみの限定であるのか、2泊や5日間でも滞在できるのかなど。
7、相続や委譲の手続きはどのようにするのか。その費用は。

費用について

1、手数料がかかる行為を全て、列記してもらうこと。
・滞在を予約するときに手数料がかかるのか。
・滞在予約をキャンセルするときに手数料がかかるのか。
・世界中のホテルに滞在できるとプログラムがあれば、手数料がかかるのか。
・その他の利点を行使するときに手数料がかかるのか。
・使い残した滞在権利を翌年に繰り越せるのか。手数料はかかるのか。
　　(使用年度が始まる前に繰り越すかどうかを決定しなくてはならないタイムシェアがあります。これは、たとえば、2013年の1月から12月までの滞在権利を前年の2012年末までに繰越処理を完了していなければならないという規則です。2013年末になって、たまたま使用しなかった滞在権利は、繰越処理できずに捨てることになるのです。)

2、維持費について、将来の上昇があるのか、上昇率はどのぐらいであるのか、過去の数字を見せてもらいましょう。また、全く利用しなかった年度であっても管理費は支払わなくてはならないのか。

3、インターネットで公募して、自分の滞在権利を一般の人に貸し出して稼ぐということができるのか。

（もし、それができれば、タイムシェアを買う前に、タイムシェア所有者から数回借りて実際に滞在し、タイムシェアが本当にいいものであるのか、慎重に検討できる。一般に貸し出しできないのであれば、それでいいのか。）

4、不要になった場合に売却しやすいのか。

5、リセール（再販）では、いくらなのか。売却のときに値上がりするタイムシェアであるのか。

6、世界中のホテルに滞在できるというプログラムがあれば、行きたい都市の便利な街中に多くの滞在場所の選択肢があるのかどうか。大雑把な地図ではなく、詳細な場所を確認すること。

7、世界中のホテルに滞在できるというプログラムがあれば、そのホテルには、タイムシェアの所有者だけしか滞在する権利はないのか。一般の人も滞在できるのであれば、宿泊費用はいくらであるのか。タイムシェアの所有者が滞在する費用との差額はいくらであるのか。予約方法は簡単であるのか。（自分でインターネットで調べることもできます。）

　以上の全ての条件に納得して購入できれば、後悔しないものと思いますし、利点や欠点を理解して使いこなせるでしょう。タイムシェアを活用して人生を楽しむ人がいますし、全く使えないと売りに出す人もいます。そうならないために、上の条件を理解した上で購入に踏み切りましょう。

第3章 銀行口座

ハワイの銀行に口座を開く

　ハワイでは、ソーシャルセキュリティー番号（社会保障番号）を持たない日本居住の日本人でも銀行口座を開設することができます。ただ、2001年のテロ事件以降は、郵便やファックスでの開設は認められないようになり、銀行支店の窓口に行かなくてはならなくなりました。口座開設にはパスポートなどの写真つき身分証明書をご持参ください。以下は、口座の種類です、

普通預金口座（セービングアカウント）
　単なるお金を置いておく口座ですが、金利がつきます。

小切手口座（チェッキングアカウント）
　小切手を作成する口座で、小切手で支払いをした場合に引き落とされる口座です。また、デビットカードやキャッシュカードで引き落としもできます。

定期預金口座（CD, CERTIFICATE of DEPOSIT）
　普通預金よりも高い金利がつき期間限定の契約になっており、満期前の解約には違約金がかかります。

　不動産購入のときには、不動産会社が銀行口座開設の説明をしてくれます。ハワイの不動産を購入後、ビル管理費や光熱費の支払い、ローン支払い、維持費や諸経費を銀行口座から引き落としにすることができます。物件を賃貸にだす場合は、その銀行口座を指定すれば、不動産管理会社から、賃料が振り込まれます。

不動産を購入しなくても長期滞在のリピーターも口座を開設して、必要分ずつおろすのが安全だと思います。ハワイに口座があれば、多額のハワイ滞在費用を所持している必要はありません。コンドミニアムには、セーフティーボックス（金庫）がないのが一般的ですので部屋に大金を置かないためにもご検討ください。

　購入予定のコンドミニアムの近くや便利な場所の銀行を選びましょう。そして、口座を開設するときには窓口ではなく、ブースのデスクの前に座り、一対一でゆっくりと説明を聞けます。ハワイの銀行には日本語を話す行員がいますし、口座開設についての日本語の説明書なども用意していますので、日本語で十分に説明してもらいましょう。

　どの口座も１人につき10万ドルまでが、アメリカ政府の預金保険制度によって保護されており、普通預金口座（セービングアカウント）と、小切手口座（チェッキングアカウント）があれば、ＡＴＭから24時間、いつでも引き出せる銀行がほとんどで、口座開設の際に指定すればインターネットでのオンラインバンキングができます。なお、一定の残高がなくなると手数料が引かれていく契約がある場合は、毎月の残高には注意しましょう。

　契約したハワイの銀行の口座の残高証明や取引状況の記録は、月に１回、日本の住所へ直接送付されます。賃料の入金やビル管理費の引き落としが適正に行われているかは、日本で確認できるので安心です。ハワイの口座へは日本の銀行や郵便局から簡単に送金できます。おおむね２、３日で、ハワイの口座へ振り込まれます。

　ハワイでは、共同名義の銀行口座を作ることが可能であり、キャッシュカードも一人一人に発行されます。

　「口座名義人の人々全員で、いくらの預金がある。」

　という考え方ですので、口座名義人のひとりに何かあれば、預金は、自動的に他の口座名義人のものとなります。

　キャッシュカードをオーダーした場合は、暗証番号とカードは別々に郵送されてきます。ここで注意が必要であるのは、口座開設の段階では、最小限の残高で済ませ、カードの次に暗証番号が届いて、その後に大金を入金するのが安全です。

小切手口座とキャッシャーズチェック

　何らかの理由で自動引き落としが出来なかった場合は、小切手の郵送で支払えますので、小切手口座があるほうが便利です。銀行へ行かなくても書き込んで封筒にいれて投函するだけで、振込みという作業は不要ですので効率のいい送金方法です。日本から国際郵便でも送れます。いろいろな支払いやスーパーマーケットの買い物も小切手を使って支払いを済ませられます。

　受取人であると証明できる人だけが、受け取る仕組みになっていますので、不正に使用されることはほぼありません。ただし、未記入の空欄の小切手の保管には、不正使用されないように十分な注意が必要です。

　小切手口座がない場合や一度だけの支払いには、キャッシャーズチェックという現金小切手を作ってもらえます。普通の小切手と同じように支払先や金額を指定し、申込書に署名します。その銀行に口座が無い場合は、現金を持参して窓口でキャッシャーズチェックを作成してもらえます。

　銀行の口座を使って、キャッシャーズチェックの作成を日本から注文できます。その金額以上の残高があるということが条件になります。

Q
　ハワイに銀行口座が無くても不動産を購入できますか。
A
　エスクローへの送金で済ませることができますので、ハワイに銀行口座がなくてもご購入可能です。

第3章 査証や抽選永住権

　アメリカのビザなしの滞在は、最長で90日（89泊と90日）ですが、頻繁な出入国については、入国審査で止められる可能性がありますし、年間180日以上の滞在は、納税の義務が発生するという話がありますので、注意が必要です。

　ハワイに長期滞在すれば、もっと長く滞在したくなる人が多いのは喜ばしいことですが、ビザ取得となりますと大きな壁と感じてしまうかもしれません。

　最適なビザを取得するためには、努力が必要かもしれませんが乗り越えたときには、いくらでもハワイを満喫できる毎日が待っていますので、是非、挑戦してみてください。夢を実現した人々はたくさんいます。

　ビザ（査証）に関しては、日本語で書かれている在日アメリカ大使館のウエブサイトが最も有益な情報です。そして、ある程度の予備知識を得たら、最適なビザ（査証）を申請するには、ハワイの移民弁護士に話を聞いてみるといいでしょう。

　ビザを取得できても実際の滞在期間は、入国審査官の裁量に任されていたり、申請書類の書き方がはじめての方々には耳慣れない英語とともに複雑な手続きや注意点など理解しにくいものです。専門家の手を借りて着実に夢を実現してください。

　毎年500人前後の日本人が当選している抽選永住権の応募も機会があるごとに行ってみてください。もし、当選すれば、移民ビザを取得して渡米し、ビジネスも就職も自由にできます。ビザを取得した人々も永住権を取得すれば、さらにビジネスがしやすくなります。

　ハワイで出会った人々や不動産エージェントにたずねれば、この抽選永住権応募について気軽に教えてくれるでしょう。方法がわかれば、毎年自分で簡単に行うことができます。

Q
　アメリカに不動産を持つと永住権が取れるのですか？
A
　残念ながら、それだけでは永住権は取得できません。また、ビザから永住権取得のために、コンスタントに収入を得る事業を行っても、法律が変わることによって、永住権取得が不可能になることがあります。よって、こちらも移民弁護士におたずねください。

第3章 リフォーム

キッチン

　昨今のキッチンは、オープンスタイルで、食事がきるキッチンカウンターが主流です。また、豪華一戸建てやハイクラスコンドミニアムには、天然石が使われています。
　キッチンの電化製品をアプライアンスと言いますが、古いものから買い換えていきましょう。最近は、メタル調のグルメキッチンと称されるものが、取り上げられていますが、デザインだけを重視するのではなく、料理する人が慣れて使いやすいと思われるものをご検討ください。たとえば、料理する人がコイルの旧タイプの電気コンロに慣れていれば、フラットな耐熱ガラスコンロに買い換える必要はありません。耐熱ガラスコンロは見栄えがしますが、できれば、ショールームや賃貸などで、実際に使ってみて、使いやすいと感じて、購入するのが望ましいと思います。
　また、キッチンの戸棚は、棚本体全ての取替えの場合と戸棚の扉（キャビネットドア）を取り替えるのでは、倍の価格差があります。また、キャビネットドアは、豪華なデザインやシンプルなものまで様々なものがありますので、デザインを確認して、ご自分の好みを指定して工事を依頼しましょう。

カーペット

　カーペットの取替えは、広さによって価格が異なります。以前は、繊維が細くふかふかしたウールのような肌触りのタイプが主流で、カーペットを取り替えた直後は、玉になって繊維が多くとれるなどのことがありますが、おおむね

半年ぐらいで落ち着きます。

　最近では、ループ状の堅い綿の肌触りのものが主流で、多くの色が点のように細かくはいっているタイプは、汚れが目立たず、振動を適度に吸収しますので、車椅子のお客様にも向いています。

　カーペットは、素材によって価格差がありますので、広さを計算してもらい、見本を見て材質を確認してから、工事を依頼します。

タイル

　全ての部屋を段差無くという場合や、最近では、呼吸器の疾患やアレルギー、アトピーなどを理由にタイルや木のフロアーにするという注文があります。ダイニングテーブルの下やベッドの周辺に大きなセンターラグを敷いてアクセントをつければ洗練された内装になります。

　大理石を一戸建てやハイクラスのコンドミニアムのゆかに効果的に配置すれば豪華な内装になります。ただ、大理石は、酸性の液体や化学薬品によって表面が溶けて光沢が失われ、その部分がシミのようになりますので、キッチンやダイニングルームなどでは、生活の中で注意する必要があります。

　人工の大理石は強く長持ちします。人工の大理石も天然の大理石も水で拭くだけの手入れが簡単であるという利点があります。

　セラミックタイルは、ポピュラーで、価格もリーズナブルですが、重たく堅いもの、食器やビンなどを落としますと淵が欠けたり、タイルが割れてしまうということがあります。余分なタイルを保存しておき、割れた部分の修理に使います。また、１枚１枚のタイルは、縁にかけて若干薄くなっており、タイルとタイルの間の目地あたりは低くなりますので、車椅子の場合は、その段差が適当かどうかをご判断ください。

フローリング

　昨今の流行は、ゆかが木材のフローリングです。リアルウッドと、ラミネートウッドと2種類の材料があります。

　リアルウッドは、ラミネートウッドのほぼ2倍の価格で、木材から作られていますが、ラミネートウッドは、木材の破片とプラスティックを熱によって固めて、表面に木材のデザインをプリントしたものです。よって、見た目は木材ですが、本物の木材ではありません。コストを考えるとリーズナブルなラミネートウッドが安いのですが、水に濡れたときのリスクを考慮しますと、リアルウッドをおすすめします。ラミネートウッドは、上からの水漏れに、表面をふき取るだけで済めば問題ありませんが、もし、その下のコンクリートまで水浸しになり、ラミネートウッドの裏全体が濡れてしまえば、水を含んで膨張し、盛り上がったり、割れて修復不可能になります。リアルウッドは、時間はかかりますが、完璧に乾燥すれば元に戻すことができます。

　よって、ラミネートウッドは、どちらかと言いますと、水漏れの心配の少ない一戸建てや新しいコンドミニアムに向いており、リアルウッドは、古いコンドミニアムに適していると言えます。しかし、修復に時間がかかるのですから、入居者がいた場合は、退室を余儀なくされるかもしれません。

　水漏れに最も害が少なく、ほぼ数日で元に戻せる可能性があるのは、カーペットです。フローリングは見栄えがしますが、水漏れのリスクを考えますと、当社では、賃貸物件に関してはおすすめしておりません。

壁のリフォーム

　カーペットと同様に壁の状態も、部屋の印象を左右します。壁紙のリフォームは、古い壁紙の補修をしてその上に、または、古い壁紙をはがして壁紙を張りますが、古い壁紙の状態によって異なります。また、堅く厚いタイプの壁紙では、表面の汚れを取り除いて、その上からペイントできる場合があります。

ご自分で行うことも可能ですが、薄い壁紙の上にペイントする場合は、専門業者へ任せることをおすすめします。専門業者は、壁紙の張り合わせ部分からの剥がれを防止する措置を施してから、その部分を平らに見せるようにペイントします。
　既にペイント処理の壁は、その上からペイントを施します。部屋や面単位で指定し、広さによって見積もりを出してもらいましょう。

一戸建てを豪華にする改築

　小さな修理や改善ではなく、1000ドル以上の費用がかかる改築やリフォームはコントラクターという建築の許可を持った業者を雇って行います。または、デザイナーに全てを任せる場合は、デザイナーが、コントラクターを雇って、行われます。
　まず、リフォームの目的を彼らに伝えます。売却するために好まれる洗練された内装にするのか、または、ハワイ別荘として個性を生かした内装にしたいなど、コンセプトを理解してもらい、彼らが得意とする分野だけを依頼して、バスルームはバスルーム専門の業者へたのむなどができますし、一戸建ての庭から、内装、バスルームに至る全てを1人のデザイナーやコントラクターへ依頼できます。その場合はリフォーム完成までの全てを行ってもらうことができます。日本語が通じる業者がいくつかありますので、見積もりを出してもらいましょう。
　アイデアがあれば、彼らと一緒に考えたり、デザインを描写してもらって決定します。雑誌や資料を提供したり、ホームセンターの材料を指定したりと、ご自分の理想の空間を確実に理解してもらいましょう。
　一戸建ての家の敷地面積を広げるなどの大掛かりなリフォームは市の許可が必要となりますので、設計士、またはコントラクター（建築業者）にご相談ください。建築許可の申請は彼らの仕事です。

コンドミニアムのリフォーム

　コンドミニアムのリフォームについては、ハウスルール（ビルの規則）で、工事をする時間帯が決まっており、リフォームの内容によっては、そのリフォーム自体が許可されない場合がありますので、注意が必要です。これを無視して、違法なリフォームをすると、物件を売却する際に買い手がつかない売り物件になってしまう恐れがありますので、大掛かりなリフォームをするときには、物件を購入した不動産会社へご相談ください。

　ハワイ別荘を賃貸にだしている間、物件所有者の荷物を置いておくことができます。管理を任せている不動産会社が快く承諾してくれるということが前提ですが、鍵のかかるスペースを作るのが安心でしょう。扉がある収納スペースや、クローゼットの半分を仕切って鍵を取り付けます。賃貸中であっても入居者の許可が得られれば自分の荷物を引き取ることができます。ハワイへの旅支度を簡単にすることができますのでおすすめです。

　賃貸物件では、内装のいい部屋でも、デザイン性が感じられなければ、モデルルームのような新しい賃貸物件には勝てません。新築ビルの物件がよく売れるということは、優れたデザインが魅力的だからですが、賃貸物件でもそのような傾向があります。賃貸希望者の中には、リフォームの年度を質問してくる人もいます。現代的なデザインと大きな薄型テレビ、今後は、さらにこのような傾向が明確になってくるかもしれません。

　リニューアルする場合は、単なるカーペットの取替えや壁の塗り替えではなく、できれば、センスのいいデザインを加味したリニューアルを行いたいものですが、これは物件所有者の判断となります。

　ハワイ別荘の場合は、理想的な部屋に住みたいと考えますので、購入直後にリフォームをするのは一般的ですが、利回りを追う賃貸物件は、リフォームを最小限に留めて、早めに賃貸物件とし、賃料がある程度溜まってから行うなどのことができます。ですが、少しの手直しだけで、予想した利回りを得られると判断して、そのままの内装で長く賃貸物件とすることがありますし、購入直後に大掛かりなリフォームをして、モデルルームのような内装で賃料を高くし

て貸すこともあります。これらも物件所有者の判断となります。

　せっかくリフォームした部屋ですから、次なるリフォームを可能な限り先に延ばす管理を不動産会社はするべきですし、リフォームが不要なきれいさを保って売却することが理想です。それらが、可能になるかどうかは不動産会社の管理のやり方で大きく変わります。

　なお、築年数の古いコンドミニアムの多くは天井がでこぼこのポップコーンシーリングという内装になっています。このポップコーンは吹きつけで、この内側には、アスベストがある場合があります。天井を深く傷つけない限りは、アスベストの被害はありませんので心配は無用ですが、もし、気になる場合や、直付けのハイセンスなライトを取り付けたいなどの場合は、このポップコーンシーリング全体を取り除く業者がいますので、不動産会社へおたずねください。

業者の仲介の仲介（鳳）

　ハワイに住んでいれば、自分でリフォーム業者を電話帳で調べて行うという人もいるようですが言葉の問題もありますし、やはり頼りになるのは不動産会社でしょう。ですが、不動産会社に手数料を払ったり、リフォーム代の何割かを支払うというのは納得しませんので、物件を購入するときから、そのような不動産会社ではなく、親切な不動産会社を選ぶべきでしょう。

　また、ここだけの話ですが、ハワイでは、よくあるのが仲介の仲介、例を言えば、カーテンを縫わない業者が仲介にはいり、カーテンを縫う業者へ発注するような場合です。間に入る仲介業者の数が多ければ多いほど、カーテン代が高くなります。寝室用のカーテンは、ブラックアウトという光を完全に遮断する厚手の生地で、日本のカーテンに比べると値段が高いです。カーテンが重く、その重さに耐えるしっかりとしたカーテンレールは天井へ直付けされており、素人が設置できるような工事ではないと思いました。そのような工事に仲介業者が入れば、さらに高くなります。

　業者によって、費用はピンキリという噂があるのはこういうことかなと思っ

ています。ただし値段だけではありません。工事内容もピンからキリまでだと思います。要は、費用に見合った成果がある工事をするかどうかです。

　リフォームを日本人が行うという触れ込みで実際に日本人が来ても現地の業者へ依頼するだけで、その日本人が手数料を取るという仕組みも考えられます。実際に工事やリフォームをしてくれる人に頼むべきだと思います。仲介の人を通せば意思疎通を欠いて思わぬ結果にならないとも限りません。仲介業者を通さない、もともとの業者をより多く知っている事情通の不動産会社がたのもしいです。私も少しずつ経験を積んでいますが、まだまだ不動産会社が頼りです。（鳳）

Q

　ハワイには、腕がいい良心的な大工さんはいるのですか？

A

　日本人の良心的な大工さんがいます。修繕の見積もりをもらう時点でどんな工事になるのか詳細に聞き判断しましょう。修繕個所をよく見ないで全面的な修繕を説明する大工さんの判断が正しいかどうかは、別の業者へたずねてみるといいでしょう。

Q

　コンドミニアムの部屋の壁塗りは自分で行っても問題ないのですか？

A

　問題ありません。ペンキによっては、においが強いので周辺へにおいが広がるのを防ぐ必要があります。コンドミニアムの通路は風通しが悪いので、においがこもります。玄関のドア側は閉めて隙間を塞ぎ、通路へにおいが流れないように、近隣に迷惑をかけないようにしましょう。なお、部屋の窓側は風通しをよくして、においや空気の逃げ道を作り、早く乾燥させましょう。

　FLAT PAINTと記載された光沢の無いタイプのペンキは、においはあまり気になりませんが、GROSSと記載されたつやがあるタイプのペンキのにおいは強

いので注意が必要です。光沢が少ないSEMI-GROSSというタイプのペンキもあります。ペンキは、色を指定して混合してもらうような買い方が一般的です。

Q
　日本のお風呂と同様の深いお風呂やバスタブの中が滑らないお風呂が、ハワイにありますか？
A
　バスルーム関連の業者のショールームへ行けば、いろいろなバスタブがあります。バスタブの底にざらざらの滑り止め加工を施していないものには、バスタブの底に専用のシールを貼り付けたり、ゴム製のマットを敷いて、バスを利用するようにしましょう。

Q
　内装の古い物件を買ってすぐにリフォームする場合がありますか？
A
　物件見学のときに、リフォームの必要有無と個所、その金額を不動産エージェントにたずねてください。購入検討段階では、それぞれの物件のリフォーム費用は重要な情報のひとつです。売買契約を結ぶ前に、業者に見積もりを出してもらう方法もあります。購入費用に余裕が無い場合は、最小限にする方法で、実施してもらいましょう。

Q
　売却するときにはリフォームして売るべきだと言われましたが？
A
　売却の際も他の時期のリフォームも、基本的には、物件所有者の判断ですので、不動産エージェントが、リフォームを強制するようなことはありません。ただ、売却のときの内装のいい物件は、高値設定の売り物件とすることができ

ます。まずは、他の売り物件と比べて、ご自分の売り物件の内装の程度を把握してください。ＭＬＳの情報には、内装写真もでていますので、現在だけでなく、過去の売り物件も参考になります。他の物件と大差なければ、リフォームは不要で、不動産エージェントの工夫で十分でしょう。もし、リフォームをすると判断し、最低の費用で済ませたい場合は、最も効果のある個所とその費用を把握し、リフォームが具体的になれば、いくつかの業者の見積もりやそれぞれの業者の技量についても説明を受けましょう。

　秀でた内装にして高値で売りに出すことを目標とした場合は、リフォームの費用とそれにかかる時間を計算に入れて、リフォームの対価に納得して実行するのがいいでしょう。

　ですが、気分を変えて住みたい、売り物件であっても売却までの残り少ない時間を内装の素晴らしいハワイ別荘として利用したいので、費用計算は不要だと思う人もいるでしょう。リフォームは、物件所有者の考え方ひとつで、決定していいのです。

Q
　リフォーム費用の負担を軽くするために、リフォーム費用を毎月積み立てて、賃料収入から差し引くと、不動産会社から言われましたが……。

A
　強制的に徴収するリフォームの積み立ての有無を購入前の不動産会社や不動産エージェントを選択する時点で確認しましょう。リフォーム費用の積み立ての真意をどのように解釈するかで、判断が分かれると思います。
「リフォームしたいときにすぐ実行できるように積み立ては必要です。」
　と言葉どおりに理解するのか、
「自社はとても管理が悪く、リフォーム費用は多額にかかりますので、準備してください。」
　と言われているような気がする。リフォームの資金なら自分で積み立てられると思えば、リフォームの積み立てをしない不動産会社から物件を購入しましょう。ですが、既にそのような会社から、購入してしまった場合は、リ

フォーム資金がたまったからと言って、安易にリフォームをされないよう、物件所有者の納得後という条件にするよう、そして、不要なリフォーム資金は、返却してもらえるよう求めましょう。

Q
　数年ごとのリフォームに同意しないとバケーションレンタルの賃貸物件にしてもらえないと聞きましたが……。
A
　ホテルコンドミニアムの賃貸プログラムは、そのような条件をつけられる場合が多いようです。通常の不動産会社は、一方的な管理条件はつけませんが、もし、そのような条件があるなら、以下のような条件に変えてもらう、または、物件購入がまだであるなら、他の不動産会社へ売買を依頼しましょう。
　「写真などによって、リフォーム必要の有無を物件所有者が確認できるようにし、物件所有者へリフォームの方法と費用を提示して、合意を見てから実行する。」
　が、望ましいのです。

第3章 家具の選定

　ハワイの家具屋は、多くはありませんので、不動産エージェントは、どの家具屋にどんな家具があるのか、よく知っています。賃貸物件の場合は、不動産エージェントに家具をそろえてもらってもいいでしょう。

　ハワイ別荘であるなら、全ての店に立ち寄って、どのような家具があるのか見てみましょう。配色や照明、家具、スタイルによって、大きく雰囲気が変わりますので十分に検討なさるのがいいでしょう。当社のデザイナーは部屋の写真に家具や壁の色、家具の配置などをパソコン上で色付けして検討することをしています。

　内装の古さは、デザインされた家具を置くことによって、新しさを生み出しますが、内装の新しい部屋に古い家具を置けば、全てを壊してしまうことが多くあります。ハワイには、いかにもデザインが古いと言える家具が多くあり、それらは、傷んでいなくとも、デザインの古さが、どうにもならないということがあるのです。そのような家具には適したスタイルの部屋がありますので、どのようなコンセプトで部屋を整えるのかを決定なさって、家具をお選びください。

　例をあげますと、こげ茶色の大きな壺のようなテーブルランプは、メタル調の現代的な部屋には似合いません。デザインにもよりますが、透明なガラスやシルバーメタルの材質のランプのほうが合わせやすいと思いますし、革張りのソファーと籐のソファーを置くのでは、どちらが、格調高くなるでしょうか。

　ですが、古臭く見える壺や籐であってもその素朴さが、アジアンテイストにはよく馴染み、部屋全体をリラックスさせる空間にすることができます。

　ひとつひとつの素材が部屋の雰囲気を作っていきますので、購入した不動産に既に家具が揃っていても、テイストとマッチしない家具があれば、中古家具として引き取ってもらい、部屋のデザインに合う家具を探してみてください。

アメリカのベッドや寝具について

　ベッドは、マットレス部分とそれを保持する鉄製や木製の枠のベッドフレームから成っています。ベッドフレームには、頭の側にヘッドボード、足のほうには、フットボードがついている場合がありますが、なくてもかまいません。ヘッドボードは壁についていたり、ベッドフレームから繋がっている場合があります。

　ベッドのマットは二段になったものが一般的です。下は、ボックススプリング、上はマットレスと言います。ボックススプリングの上表面は、木製で硬く、上のマットレスをしっかりと支えます。マットレス1枚のベッドは、ベッドフレームに板状のマットレスを支える部分があります。

　自分の部屋のベッドの長さを測って、シーツやベッドカバーをそろえる必要があります。

　ベッドのすぐ上に敷くのは、マットレスパッドやマットレスプロテクターです。防水や分厚いものなどいろいろな種類があります。マットレスパッドの上に敷くシーツをフィッティングシーツ、その上には毛布の下に敷くシーツがありフラットシーツと言います。デパートでは、それらと枕カバーをセットにし

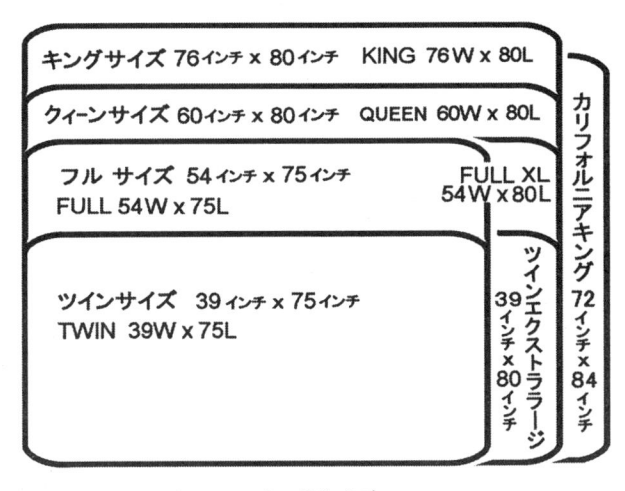

ベッドサイズ

第3章

て売ってあるものや単品の場合があります。ベッドカバーは、ベッドスプレッドと言います。(ベッドサイズの図参照)

Q
　ベッドのサイズは？
A
　ベッドは、一番大きい方サイズから、
　キングサイズ（76インチ×80インチ）、
　カリフォルニアキングサイズ（72インチ×84インチ）、
　クィーンサイズ（60インチ×80インチ）、
　フルサイズ（54インチ×75インチ）、
　ツインサイズ（39インチ×75インチ）、
　　（1インチは、2.54センチ）
　ツインサイズが、日本でいうところのシングルサイズです。
　大きさは、インチで表現されますので、インチを測るメジャーを持ちましょう。

第3章 マーケット情報抜粋

　当社のウエブサイトでは、毎月のハワイ不動産市況を当方の独自の分析と視点で発信しております。ご興味のある方は、ご参考ください。
　以下に一部を抜粋いたします。主に、そのときの市場の状況、売買において参考となる内容です。

　現在のハワイ不動産は、急な円高の恩恵を受け、高額物件がよく売れています。高額物件に値ごろ感があるのも売れている理由です。もし、超高級コンドミニアム（2ベッドルーム）と同様の価格、セキュリティーのゲートがあり、ダイレクトオーシャンビューがいいと思えば、そのような一戸建てを手に入れることができます。ワイキキから、同様の距離、車で10分の高級住宅地の高台です。地域には、ゲートがあり、セキュリティーが得られます。そして、そのダイレクトオーシャンビューは、都会を背景にした海のながめではなく、山や緑の自然とともに見える壮大な海のながめです。そして、部屋数は4ベッドルームと多くなり、スイミングプールがある、この広い庭つき一軒家は、高級コンドミニアムの2ベッドルームより売り価格が安いのです。……

　……当社では、近年、とことん自分の好みの物件を手に入れたいという購買層が、増えてきています。コンドミニアムを調べて、滞在経験を繰り返し、10年かかって、やっと気に入った物件を手に入れたというオーナーもいます。最高の物件を手に入れる努力と時間を惜しまない購買層は、コンドミニアムのビルと、その階数やながめを指定して、その売り物件がでてくるまで待ちます。当社では、それらの人々の注文に応じて毎日、市場を確認している担当が多忙になっています。……

……売り物件情報のMLSを検索しますと、今月は、多くの物件が売買契約され、売り物件は少なくなる傾向です。商業店舗物件の契約や問い合わせも多く、ハワイの冬のハイシーズンの終盤を実感しています。買い手にとっては、なかなか適当な売り物件がでてこないという市場です。一戸建てについては、特にその傾向が強く、ハイシーズンから市場に有った（売れ残った）物件は、MLSの写真の段階で顧客の興味を引かず、市場に新たにでてきた数少ない物件のみが、買い手の検討対象となるということを幾度か経験しています。今冬はカイムキやカパフルの60万ドル台から1ミリオン台のカハラの一戸建てが多く売買契約されました。……

　……ハワイ不動産市場は、一戸建てが堅調に売れており、ワイキキのコンドミニアムについては、先月同様にリーズナブルな物件が売れています。1ベッドルームについては、借地権つきが20万ドル前後、土地所有権つきについては、屋内洗濯機乾燥機やセキュリティーもある設備が整った人気のコンドミニアムで30万ドルという安さの売り物件が出るようになりました。……

　……中東の騒乱によって、今後のハワイ不動産市場がどうなるのかを予想してみましょう。石油燃料を頼る国はどの国も同様に原油高になれば物価が上昇します。ハワイは特に日用雑貨や食料品の多くが島の外から輸送費をかけて運ばれますので、原油が高騰しますと、如実に物価に反映します。地元のニュースでは既に物価上昇を予想して報道しています。これらの報道によって人々が、物価上昇を認識し、精神的な圧迫を感じますと、景気は確実に悪くなります。私は、景気とは結局は人の財布の紐が硬いか、そうでないかということだと思っていますので、貴方や周りの人が倹約しようとしますと、景気はさらに悪くなるのです。不動産もしかりです。不景気の中での物価上昇は、単に一般庶民を苦しめるだけで、生活を考えるだけで精一杯、不動産投資どころではなくなり、不動産の買い手が少なくなるでしょう。……

　……インフレ懸念で金利が上昇すればローン返済にも響き、不動産所有者は売却の検討を始めます。もし、そのような売り物件が増えれば不動産価格は下

降を余儀なくされますが、ワイキキの高額物件は一般庶民程度以上の人々が所有していることを考慮すれば、それらの価格は横ばい程度に留まるかもしれません。インフレになれば不動産価格は、通常は上昇しますが、……

　……今後の市場を考えるときに、たとえば、政治的な立場の人々が不動産市場をコントロールできると仮定して、現在の低迷した経済の中で、どのような状況が好ましいかを考察しますと、まず、不動産価格はこれ以上は下げることはできません。

　現在も多くの人がローンで家を所有しています。それらの人々は、家の価値が上がってこそ、ローンの支払いに意欲が増すものです。2006年のバブルが崩壊して不動産価格が下がり、低所得者層のローン返済の多くの滞りが、サブプライム問題を引き起こしましたが、もし、そのような状況が、アメリカの中流層にまで及べば、サブプライムより深刻な問題となるでしょう。よって不動産価格は下げられないのです。

　また、不動産価格が底値で、下がる気配はなく、安定していると思われる場合は、購入を検討する人が増え、不動産市場も安定的に動くと思います。また、人々の心境から考えますと、緩やかな上がり基調に転ずれば、買い急ぐ気になり、不動産市場活況へと導かれると思います。よって、不動産価格が長く安定していた時期のあとには、
「不動産価格は、上昇に転じている。」
というニュースが流されて、上がり基調であると信じた人々が行動を起こし、上がり基調がさらに定着するというのが、今後の不動産市場や経済にとって、最も理想的なシナリオだと思います。……

　……世界の金融危機の再燃懸念材料が去っておらず、また、米雇用統計の改善が見られなかったために、今後のハワイ不動産市場は価格が横ばいから下落に転ずるかもしれません。一部の借地権つきのコンドミニアムなどは、20年前の価格まで下落しています。借地権つきについては、これが底値だと思われますが、土地所有権つきに至っては、この不況時にしては高いという印象があり、2005年のバブル期とほぼ同様の価格の物件が多く見られ、活発には動いて

いません。借地権つきのコンドミニアムの1ベッドルームでは、洗濯機乾燥機の無い物件は、15万ドルほど、洗濯機乾燥機つきの設備が充実した住人専用のコンドミニアムでは、10万ドル台後半ででてきています。……

　……ハワイ不動産市場のそのときの相場は個々の売り手が作り出し、市場は売り手の心理の集約されたものと言えます。そこには、時として売買契約の可能性や不景気などを考慮せず、不動産取得時の価格や利ざやのみを考慮して設定された高値の物件が多くありますと、割高な相場や市場の停滞を生み出します。
　では、何が適正価格であるのかということになりますと、正確な基準というものがなく、その数字は相対的で流動的です。しかし、そこには、明確に買い手の食指が動く数字とそうでない数字があります。底値であるはずの今が買い時と判断した買い手は、この時期に適当であるという明確な水準や条件を持っており、それらを満たさない数字や物件は目に入りません。しかし、買い手の条件を満足させる売り物件は、市場に出た直後に飛ぶように売れています。……

　……世界的な夏の異常気象が各地で言われていますが、ハワイはいつもと変わらない穏やかな気候です。日差しの強い日でもオアフ島に涼しさを運んでくるのはトレードウインド（偏西風）です。霞がかかったような空や、湿度や気温が高いと感じれば、それは、コナウインド（ハワイ島から吹く風）の影響です。ハワイの天気予報は雨や晴れの予想よりも、上空の気流や風が主な予報となっています。
　さて、現在は明るいニュースがなく、景気も人々の気持ちも一歩後退したという空気が漂っていますが、ハワイ不動産は、夏のハイシーズンを背景にして大きな岩が僅かに動いているといった感があります。ショートセールの物件を含めて、市場にある物件は、価格設定の高い物件が多く、魅力ある物件の選択肢は多くありません。……

　……現在のハワイ不動産市場は、投資物件のステュディオなどよりも、住ま

いやハワイ別荘に適した１ベッドルームや２ベッドルーム以上の大きな部屋タイプ、一戸建てがよく売れています。

　また、市場に売りに出してから売買契約されるまでの期間が短くなり、価値ある物件は、特に売却しやすい時期といえるでしょう。ここ数ヶ月は、市場に売りに出して10日前後で買い手をつかんだ売却物件が売買の履歴に多くみられます。……

　……ハワイ不動産の相場というのは、ＭＬＳによって、市場にでている全ての売り物件を誰でも知ることができるので、相場や価格帯を理解することが容易で、購入時に作戦を立てられます。

　購入しようとするときに、市場が今のようなスローな時期で、購入検討対象の売り物件が割高であっても売買契約される頃には格安になることがあります。過去の売買を確認すれば、そのような履歴がでてきます。これは、買い手が出した安い買い注文に、売り手が妥協したことを意味します。

　では、実際にはどのようにするかと言いますと、まず、買い注文を入れる前に買い手のエージェントは、その売り物件の売り手の状況を把握しようとします。スローな時期には、売り急いでいる売り手が多いので、この売り手はどうだろうかと、売り手のエージェントにたずねてみて、売り急いでいるという感触を得た場合は、格安で買い注文を入を入れます。しかし、買い手がその格安の買い注文に応じなかった場合は、一度、引いてみることも必要です。売り手はその格安の価格に驚くかもしれませんが、スローな売れない時期の価格相場を理解するかもしれません。

　そして、しばらく、この売り物件の動きがないことを観察してから、再び格安で買い注文を入れて、交渉を重ねて、購入にこぎつけるのです。当社の経験では、商業・店舗物件の売買でもそのような工夫で格安で購入に至ったという成功例がありますので、時間的な余裕がある場合は、じっくりと計画を練って売買に挑むべきでしょう。ですが、購入の手法は、そのときの市場の状況や、買い手がどの程度、その物件を欲しているのかなどによって、異なります。……

　……ハワイの不動産の買い時は欲しくなったときということを申し上げてき

ましたが、実際は、当然ながら、安く購入できるとき、と言えるでしょう。市場が買い手にとって有利な購入条件を整えたときは、買い手がたくさんいると思われがちですが、実際は経済状況が逼迫した人が多くなり、潜在的な購入者は減っていると思います。

　不況期に購入に動ける人は、資金を十分に蓄えてきた人です。一方、この不況期に不動産を売りに出している人々は、おおざっぱには、２つに分かれます。賢く買い替えをする人と、ローンの返済に困り、抵当流れになる前に売りに出す人々です。悲しいかな不況に影響された人々は、価格が低迷するときではなく、価格が上昇し、購入の気運が高まったときにつられて購入した、または、高騰後の不動産バブルに踊ったときということでしょう。

　賢く購入に動く人とそうでない人が存在して、利益を得る人と不利益を被る人が出てきます。住居という用途を無視して利益を得る、資産を形成に不動産市場を利用すれば、それは、株式市場に似ているかもしれません。

　株式市場は、購入して儲ける人がいなければ株式市場の存在意義はなくなります。株価が下落のみでは儲からないので、時期を見て上昇に転ずるよう、コントロールされていると思います。まず、悪材料や暴落が原因で今後の株価は上昇しないという雰囲気が市場を支配するように仕組まれ、多くの人は売りに走り、株価が十分に下がって、賢く儲ける人が底値で買い占めたあとに、株価が上昇します。

　誰でも、為替や不動産価格の推移を見極めることは難しいことですが、どんな投資も賢く立ち回らなければならないということです。そして、現在は、景気に左右されずに資金を十分に蓄えてきた購買層が有利に動いています。

　さて、その資金を十分蓄えた買い手の中には、今までにはなかった購買層が活躍し始めています。先日、一軒家のオープンハウスを隣家と同時に行ったところ、両方の家を購入して、塀を取り除いてひとつの敷地にするという話をしながら、売り家を見て回る人が目に止まりました。数年前から団体ツアーが多かったのですが、現在は、中国の富裕層がリッチな身なりをして個人でハワイを観光する姿が目を引きます。彼らは、本国では土地を所有できませんが、有り余る資金を元に海外で不動産投資を積極的に行っています。彼らが世界の不動産市場を席巻する日が来るなどと、誰が想像したことでしょう。

皆さんもおわかりかと思いますが、このようにハワイの不動産は、不況になっても魅力ある不動産ですので、買い手が世界中から次々と現れ、価格が維持されるのです。
　そして、不動産をよく知る投資家にとって、魅力であるのは、家賃の下落がほとんどないということが理由のひとつにあげられます。賃貸需要が落ちていませんので、家賃も下がっていません。全米では、ホノルルが最も家賃が高いという記事もあります。当社のステュディオは、常時ほぼ満室で、他の部屋タイプに至っては、長期契約物件が多数を占め、ロングステイで運用する部屋は、物件所有者がハワイ別荘として利用する部屋のみで、数少なくなっています。夏や冬のハイシーズンには借り手は殺到しますが、日本の不況が影響してオフシーズンに短期滞在を希望する人が減ったために、当社では、ハワイの住人に貸し出す長期契約を重視するようにしました。不動産はあくまでも物件所有者の利益のために存在しますので、今こそ、利益をコンスタントに維持する長期契約に切り替えるべきだと判断しました。
　今まで長きに当社のロングステイでコンドミニアムをご利用だったお客様、お礼を申し上げますとともに、今後もハワイに夏と冬のハイシーズンに定期的にご滞在になられる場合は、是非、不動産ご購入も視野にご検討ください。
……

　……現在の市場は、コンドミニアムによって、そして、部屋タイプによっては、売り物件の数が少なく、買い手は、選択の余地がありません。また、一方では、同じような売り物件が多くあり、売れていません。そのような売り物件の売り手は、ハイシーズンが過ぎて売れ残ってしまったという思いを持っているでしょう。今夏ハイシーズンが過ぎた現在では、売れ筋である物件とそうでない物件に歴然とした差がでています。
　先月には、「物件によっては、売り手市場の環境にある」ということを書きましたが、「売れ筋である物件」と言い換えることが出来ます。この不況下には不動産価格は底値のはずだという思い込みによって価格設定を行い、売りに出してはじめて、売れ筋の物件と察知する売り手がいます。売却の際には、まずは、不動産エージェントに、ご自分の売り物件の状況をおたずねになって、市

場を分析してください。

　ある物件に買い注文を入れたところ、売り手の不動産エージェントより、3件の買い注文がはいった。買い手は値引きしないと決めたので、売り出し価格で再度出してくれないか、との話がでました。要求通りに再度、買い注文を入れなおしたところ、他の条件についての容認確認の連絡があり、買い値には満足ということでしたので、これで、決まるだろうと楽観視していました。ところが、その日のうちに不動産エージェントより回答があり、売却は中止されたということでした。

　一度売りに出して、売買契約される前に売却の計画を中止することは、珍しくありません。ＭＬＳの売り物件リストにはそのような売り物件の売買中止の履歴がでています。ですが、それは、思ったように売れないという理由が多いのです。既に買い注文が入った物件の売却中止は、売り出し価格が安すぎたと売り手が考えたときでしょう。

　断言することはできず、あくまでも推察するだけですが、1、2週間で3件の値引きでの買い注文が同時に入り、3件のどれかに値引きしない価格で買ってもらいたいと考え、値引きしない旨を伝えたところ、3件とも了解して、値引きしない買い注文を出してきたので、売り手は非常に驚き、ここでやっと自分の売り物件が売れ筋なのだと悟り、価格を上げようと思ったのです。

　この不況下だから、完璧に準備しよう、ということで、売り手の荷物は全て撤去され、ディスプレイ家具で飾られていましたので、売却の気合十分の売り物件でした。

　一方、買い手の気合も十分で、万全の資金の目処を立て、買い注文を入れました。買い手にしてみれば、売却を中止されたことは、残念なことで、できれば、物件への問い合わせが多くなったとき、または、複数の買い手が、売り出し価格で購入すると口頭で回答したときに気がついて欲しかったという思いがありますが、売り手としてみれば、売れ筋物件であることを把握する材料を集めたかったのかもしれません。

　かといって、価格設定を熟慮して、再度市場に売りに出しても、状況が変化することがあります。同種の物件が多く売りに出されて、既に売れ筋物件ではなくなるといった状況です。状況が変化したときには、問い合わせの頻度も変

化します。相場より高い価格で売りに出しても、その物件の購買層がどの程度欲しているかということは、市場に出してみないとわかりません。当社でも、数日で複数の買い注文がはいるということになれば、もっと高くしてもいいのではないかと判断し、売り手と相談の上、売買を中止し、価格を見直して再度売りに出します。

　ただ、高値設定によって、市場から敬遠されないためには、考慮すべきことがあります。シーズンによっては、まだ活発に動く市場であるかどうか、売れ筋物件を維持できる可能性、そして、価格の上げ幅も慎重に考慮する必要があるでしょう。

　特に、当社の場合、再度売りに出す際には、売買中止前に買い注文を入れた買い手には、
「この価格で再度、売りに出す。」
と正直に伝えます。そして、調整した価格での買いをもう一度検討してもらいます。そしてそれらの反応も判断材料としています。以上の売却の流れは、「市場の反応を見ながら売却する」という行為に当たります。不動産売買は、ちょっとした手間をかけるだけで、大きな利益の差がでますので、市場を精査して納得した価格、後悔のないような売り方を試みてください。……

　……ワイキキの街はリノベーションされつつありますが、建物については、外観をリニューアルすることが難しく、古い印象を与えています。ですが、由緒あるホテルは今でも健在で、その中にハレクラニがあります。ハレコアホテルと同様に、ＡＰＥＣ期間中には、ハレクラニの周辺は国賓の人々の出入りのために交通止め、また、歩行者さえも足止めされていました。

　昔の話になりますが、ハレクラニが建てられた当初は、ロイヤルハワイアンなどのある東の海側が中心であり、豪華なホテルをワイキキの真ん中に建てても成功しないだろうと言われていました。今でこそ、ハレクラニの周辺はワイキキビーチウォークとして中心的な存在になっていますが、そのころは、低層のアパートが点在してごみごみした地区だったのです。しかし、
「ホテルに滞在するだけでいい。ホテルから一歩も出る必要は無い。」
というコンセプトのとおり、ホテルの中で過ごせば、レストランや海、全て

があるというハレクラニは今回もＡＰＥＣで重宝されました。余談になりますが、私がこのホテルを身近に感じるのは、ハレクラニ内のフレンチレストランです。1980年代から1990年代にかけては、日本のバブルの資金、ミリオンダラーでヨーロッパから入れ替わりに引き抜かれたシェフ達が料理を振舞っていました。彼らはキッチンから客席へ足を運んで客と対話して自分の料理を売り込み、数百ドルのシェフスペシャルは、Explosion the taste in the mouse（口の中で旨さが爆発する）と言われるほどの味を誇っていました。本物のヌーベルキュイジーヌがハワイに生まれたのもこの時、このレストランだったのです。このホテルのレストランから、巣立ったシェフ達は白髪混じりになった今でも業界のトップを走っており、ハワイのあちらこちらで誰もが知っている有名レストランを経営しています。

　ハワイには、これらのレストラン以外は、日本食も含めて本物が少ないのですが、それは、本物が少ないので人材を育成する場がないのかもしれません。ですが、日本の皆様には、それゆえにビジネス展開やハワイに住めるチャンスがあるということです。当方の経験を皆様のお役に立てればと思います。ハワイ不動産だけでなく、商業、店舗物件、ホテル購入のお問い合わせもお待ちしております。……

　……オフシーズンにもかかわらず、１ベッドルームの１部屋を残して、当社のステュディオ、２ベッドルーム以上は、完璧な満室となっています。不動産購入だけでなく、賃貸においても、理想の物件が出るまで待っているという人々がでてきています。

　長期賃貸は、実際に空き部屋を見て賃貸するか否かを決定するのが通常の手順で、当社では、部屋の写真を公開してインターネットでもご入居者を募集しますが、現在は、ご入居者の紹介で、当社の賃貸物件を借りる人が多くを占めるようになりました。友人の部屋を見て、この不動産会社から借りようと判断したというご入居者もいらっしゃいます。部屋を害虫の出ない清潔で魅力のある部屋にするということは、入居者にとって価値があるだけでなく、最も効果のある宣伝なのです。

　ところで、ツアー会社などの仲介業者からの問い合わせで、物件を賃貸して

もらうことが時々ありますが、その1社からの紹介料の供与のリクエストにお断りする当社エージェントのメールに当社の考え方が現れていると思いましたので、以下に転載いたします。

――――――――――――メール――――――――――――

　当社の事情を申し上げて恐縮ですが、当社の管理は、当社を選んでいただいたオーナー様への感謝を以って運用するということで、家賃の10%を頂戴するだけで、各種の支払い手続きなど手数料はいっさい発生せず、ほぼ利益がでない状態で行っております。また、当社のビジネスの考え方は、
「顧客のために尽くせば、そのあとから利益がついてくる。」
です。当社が紹介料を支払わないにもかかわらず、現在まで当社をご利用いただいているのは、ビジネスは、自身の紹介料のためではなく、顧客のために行い、当社の物件が御社の顧客を満足させる物件であると、ご理解なさってのことだと思います。
　特に当社のような不動産会社も、顧客の希望を最優先せずに　仲介料や紹介料などを考えて行動すれば、顧客に対する背信行為となりますし、引いては、世間一般でも業者間や管轄する役所と業者の癒着などが問題となることがあります。これらは、「国民や消費者が主体である」ということを忘れ、いわば、顧客をないがしろにしたことと同様だと思います。
　公明正大にビジネスをするためにも我々のような個人経営の会社から襟を正して、顧客が誰であるのか、誰のためにどのように働くのか、ということを今一度、肝に銘じることを当方の自戒とし、今後も、お部屋をきれいに保ち、ご入居者には、さらにご満足いただけるよう対応し、管理の技術に邁進することが、当社と関わりがある全ての人へのお礼であると考えておりますので、ご理解いただければ幸いです。

――――――――――――メール終了――――――――――――

　上記メール記載の管理や不動産売買、賃貸をご希望のお客様のお問い合わせをお待ちしております。

あとがき

　ハワイには夢を実現した多くの日本人が住んでいます。皆様にも是非、その一員になっていただきたいと思います。一年のうちでたった数日のハワイ滞在であっても、その数日だからこそ、有意義な滞在にしたいので豪華な一戸建てを購入する。格安の内装の古い物件を購入してハワイ滞在の間に少しずつリフォームして満足な別荘にする。または、年金の足しにと小さなステュディオを親子の共同名義で購入し、はじめての不動産投資をなさるなど、その目的は様々ですが、夢や計画をあきらめることなく実行しようとする方々の気持ちに応えたいという一心で、私はこの仕事を続けております。

　また、ハワイには多くのコンドミニアムの建設計画が存在し、さらに開発されて、洗練された街並みを形成していき、進化していく風景の裏には、我々不動産業者がかかわっているということに思いをはせますと感慨深いものがあります。

　ハワイの不動産投資は、単なるポートフォリオのひとつだと限定するのではなく、ハワイに不動産を持つことによって得られる付加価値や広がる可能性にも目を向けてみましょう。きっと、今まで見えていなかった新しい世界を発見すると思います。まずは、あわただしい旅行ではなく、長期のハワイ滞在で心のうるおいややすらぎを取り戻していただきたいと思います。

　海外をただ見て回るのではなく、実際に暮らしてみることの精神への影響は、カルチャーショックを覚えるだけにとどまらず、世間のしがらみから開放され、自分を縛り付けていたものが人生で何ら意味を持たないものと悟ったり、価値観を変えていくでしょう。そして、日本の生活へ戻ってからもハワイ滞在で得たエネルギーを持ち続けて欲しいと思います。

　もし、ハワイとの関わりを　もっと深く持ちたいと思えば、ビジネス展開をするのがいいかもしれません。皆様にオフィスや拠点を提供するだけでなく、新しい何かを始めたいという人たちへ精一杯のお手伝いをしていきたいと思っ

ています。
　ハワイが大好きで、将来はハワイに住みたい、老後は海の見える一戸建てに滞在したいなどのご相談を受けるたびに、このハワイという土地は、多くの人の心を捉えてやまないのだと再確認させられます。
　資金の目処が立たなくとも、グリーンカードを手にいれる術がなくとも、
「ハワイに住みたい、ハワイでビジネスをしたい。」
と願う人たちに、たやすくないなどと決して言いたくありません。夢をかなえるには目標を持って、それを実現したイメージを感じることですし、私自身もそのように心がけています。皆様がハワイへいらした折には、是非、ともに夢を語りあいましょう。

　　　　（真田インターナショナルプラスセブン不動産　代表取締役　真田　俊彦）

日本の不動産市場の好転を望む（鳳）

　日本では仕事や人間関係だけでなく、日本の都会そのものに疲れを感じていたと思います。空き地があっても住人の要求とは裏腹に行政はそ知らぬ顔で建築許可を出し、欠陥マンションが出来上がり、夏には緑がない灼熱地獄になります。
　一昔前の耐震偽装で露呈したのは、担保という概念が崩れた三流の住宅ローン契約、不動産は粗悪品、国の対応は無策、出来上がった規制はザル法、欠陥の包囲網を敷かれています。でも、最も深刻な問題は「基礎杭のボルト」のマンション欠陥工事だと思いました。あまり報道されなかったのが不思議です。いくら強固に建てても根元からぐらつくマンションが多いのではないかと思ってしまいます。他にも、鉄筋の本数で合格しても鉄筋自体の強度が低かった例、コンクリートの強度不足、混ぜられた海砂が鉄筋を劣化させた例がありました。手抜き可能な個所は無数にあるので、全てを網羅して規制できるのでしょうか。
　しかも、日本のマンションは築年数が古くなれば賃料が落ち、借り手がつかないなど、ボロボロになる前に売却すべきですし、最悪のシナリオは、そのような中古物件を最後まで持っていなくてはならないことですが、誰かが必ず最後にトランプのババを引くことになります。新築物件は、はじめは小さいリスクですから気になりませんが、そのリスクは徐々に大きくなる進行性のガン細胞のようです。しかも生まれたときから、病気（欠陥住宅）の物件もあり、健康だったとしても検診（メンテナンス）を怠り、病気になれば大手術（大規模修繕）をすれば良い、そして、建て直しとなれば、資産を増やすはずが、悩みの種を抱えることになりませんか。
　重大事件が起きれば政治家の姿が見え隠れし真相は闇の中、政治家と土建屋の利権の構図は障壁となって、不動産市場の立直しも厳しいと思います。なぜなら、日本全体の企業が拝金主義に陥っていると思うからです。5年ぐらい前

は法人の所得総額が過去最高、バブル時期よりも高くなりました。一方ではサラリーマンの収入が下がり、厳しい労働環境になり、自殺者は増え続けています。つまり、企業の利益は労働者からの搾取の上に成り立ち、日本の企業全体が、なり振りかまわず稼ぎまくっているということだと思います。
　結局、政治と企業のモラルが向上しなければ、今の日本には欠陥住宅から逃れる自衛策などはないと思います。
　ハワイには、安心して不動産投資ができる環境があるので、職業や年齢を問わず、普通の老若男女が、不動産投資をしています。数日前には、
「○○のステュディオを買った、賃料は○○ドルで、借りたい人がいたら紹介してほしい。」
　と、行きつけの寿司屋のシェフに言われました。コツコツ溜めて、いずれは、不動産投資をするという計画は普通です。ハワイに住む人たちに不動産投資の話題を出してみてください。決して不動産投資が敷居の高いものではないことがわかるでしょう。
　サラリーマンの生涯賃金で豊かな人生を送れるとは微塵も考えていませんでしたし、資産を増やすなら、不動産投資であるという思い込みがありましたので、信頼できる不動産会社があれば、試してみたいと思っていました。きっかけとなったのは、ハワイに長期滞在して一念発起し、ここで人生を変えようと思ったのです。
　日本のサラリーマン生活は、疲れていても気づかずに働き続け、ハワイ滞在の長い休みをとって元気になってはじめて、本来の自分はこんなにパワフルで活動的になれるのだと驚きました。そして、健康と人生を切り売りしているような生活はいけない、仕事のために病気になって自分を犠牲にしたくない、今という人生をエンジョイしたいと切望するようになりました。そして、今ではそれが現実のものとなり、ストレスフリーの生活は空気のような普通の毎日です。一年中、窓を開け放して、山の空気を感じながら起床し、目覚まし時計を必要としない生活をしています。
　思い返せば、ハワイに長期滞在して信頼できる不動産会社の人に出会ったことが、私の人生の転機となりました。今のような生活ができるのも、信頼できる人々とのつながりの上に成り立っているのだと深く感謝しています。私が強

調したいのは、人と人とのよき出会いというものは、かくも素晴らしいものであり、チャンスを逃すことなく、自分の気持ちに素直に従うことが大切だと思います。皆さんも良き出会いや人生の転機を経験され、あなたらしい生き方を発見してくだい。

（不動産投資家　鳳　珠世）

【著者略歴】

真田俊彦　プラスセブン不動産　代表取締役社長
青山学院高等部／大学（経済学部商学科）卒
日本航空入社 客室乗務員（パーサー）として国際線乗務。
脱サラ後、フロリダ州マイアミ大学入学　アメリカ文化、経済、経営学、国際政治学を学ぶ。
1975年よりハワイ在住、小売業、輸出入業を経て、1987年ハワイ州不動産ライセンス取得。
著書「資産活用の切り札！　ハワイ別荘・不動産投資のすすめ」
現在に至る。
プラスセブン不動産
オフィス：Plus Seven Realty
1400 Kapiolani Blvd B-43
Honolulu Hawaii 96814
電話：808-957-0080　Fax：808-955-2182
E-mail :plus7@msn.com
http://www.plus7corp.com

鳳　珠世　　不動産投資家
1997年に一部上場企業を退職後、ビザを取得して、現在ハワイ在住。

ハワイ不動産　別荘から商業物件まで、ハワイ不動産投資大作戦

2013年3月4日　第1刷発行

著　者 ── 真田 俊彦
発行者 ── 佐藤 聡
発行所 ── 株式会社 郁朋社
　　　　　〒101-0061　東京都千代田区三崎町 2-20-4
　　　　　電　話　03-3234-8923（代表）
　　　　　ＦＡＸ　03-3234-3948
　　　　　振　替　00160-5-100328

印刷・製本 ── 壮光舎印刷 株式会社

落丁、乱丁本はお取り替え致します。

郁朋社ホームページアドレス　http://www.ikuhousha.com
この本に関するご意見・ご感想をメールでお寄せいただく際は、
comment@ikuhousha.com　までお願い致します。

©2013 TOSHIHIKO SANADA Printed in Japan
ISBN978-4-87302-549-0 C0033